EDUARDO BUENO

DICIONÁRIO DA INDEPENDÊNCIA

200 ANOS EM 200 VERBETES

EDUARDO BUENO

DICIONÁRIO DA INDEPENDÊNCIA

200 ANOS EM 200 VERBETES

ilustrações
PAULA TAITELBAUM

Mostra Pedro a vossa fronte
Alma intrépida e viril
Tende nele o digno chefe
Deste Império do Brasil.

**Trecho do Hino
da Independência**

A LUTA PELA LIBERDADE, EM PALAVRAS E ATOS

Eis aqui uma maneira direta, diferente e divertida de contar e de curtir a história: um dicionário. Sim, porque o que você tem nas mãos é um livro no qual, ao completar 200 anos, a Independência do Brasil desfila em 200 verbetes, em que palavras e atos passeiam lado a lado. Ou seja, é uma espécie de parada na qual nada fica no mesmo lugar. É um livro bem direto – e um tanto diferente também, porque em geral a história não é contada desse jeito. Mas faz sentido contá-la assim, pois, no fim das contas, o turbulento processo que resultou na separação do Brasil de Portugal pode ter se dado por meio de ações, mas se concretizou por meio de palavras. No caso, duas palavras bem poderosas e que ainda ressoam com toda a força: "Independência ou morte!". Ambas fazem parte de nosso vocabulário até hoje, e todo mundo sabe o que elas significam – tanto juntas como separadas.

Porque tanto separadas como juntas, as palavras têm vida própria. Justamente por isso, aprender com as palavras pode ser bem divertido. E quando a gente se diverte, percebe que a história contada pelas palavras não está presa dentro da sala de aula: a história pulsa, respira e vive – livre e solta. E somos todos parte dela.

Apesar de não ser um dicionário biográfico – como se chamam os livros que contam a vida de personagens ilustres em verbetes –, a trajetória do príncipe (depois imperador) D. Pedro I, de suas mulheres, de seus amigos e seus inimigos, constitui o coração deste livro, pois as palavras que estão aqui seriam vazias se não tivessem sido ditas pelas pessoas que percorrem estas páginas. E essa turma toda foi, é claro, liderada por D. Pedro.

Além de acompanhar as ações desse pessoal, de vez em quando você vai ser convidado a mergulhar também na origem das palavras ditas por eles. Porque, como todas as coisas vivas, as palavras têm história: nascem, crescem, se transformam e até morrem – ou pelo menos somem, saem de moda, caem em desuso. Por isso, prepare-se: as palavras agora não vão só ajudar a contar a história da Independência. Contarão também a história delas mesmas.

Como, por exemplo, a palavra "brasileiro", que, com certeza, vai deixar você um bocado surpreso.

Eduardo Bueno

ABDICAÇÃO

As palavras são engraçadas. A gente acha que elas estão às nossas ordens, mas muitas vezes elas seguem ordem própria. Por exemplo: a abdicação de D. Pedro I foi o último ato dele diretamente ligado ao Brasil. Deveria, portanto, aparecer lá no final do livro – talvez até como o último verbete. Acontece que, em ordem alfabética, "abdicação" vem antes de quase tudo porque não é comum encontrar palavras que comecem com "aa". Já "ab" é um prefixo de origem latina que indica separação. No caso de abdicação, trata-se de um afastamento voluntário – ou quase –, pois abdicar é o ato pelo qual um soberano abre mão do poder, entregando-o em geral para um membro de sua família. D. Pedro I abriu mão do poder e se afastou do Brasil às 2 da manhã de 7 de abril de 1831, partindo para Portugal no dia seguinte. O documento por meio do qual ele abdicou era curto e grosso: "Usando do direito que a Constituição me concede, declaro que muito voluntariamente hei abdicado na pessoa de meu muito amado e prezado filho, o senhor D. Pedro de Alcântara". Mas na hora em que entregou o papel para um comandante militar (D. Pedro foi afastado por pressão do Exército, tipo, "convidado a se retirar"), o imperador foi mais emotivo e menos formal. Ele disse: "Aqui está a minha abdicação; desejo que sejam felizes! Retiro-me para a Europa e deixo um país que amei e que ainda amo". Como D. Pedro tinha proclamado a Independência em 7 de setembro de 1822, ele governou o Brasil ao longo de 8 anos e 7 meses. Como havia chegado em 1808 (aos dez anos incompletos), quer dizer que ele viveu aqui por 23 de seus 36 anos de vida. O *Dicionário da Independência* começa então pelo fim, com o momento em que o homem que bradou "Independência ou morte!" percebeu que era hora de ir embora do país que tanto amava.

8

ABSOLUTISMO

Regime político no qual um indivíduo (em geral um monarca) detém poder absoluto, isto é, independente de outro órgão e de qualquer outra pessoa. É uma forma de organização política em que o soberano concentra todos os poderes do Estado nas suas mãos. A monarquia absolutista nasceu na França, a partir de 1661, no reinado de Luís XIV, também chamado de Rei Sol. Em Portugal – e, portanto, no Brasil – nunca chegou a existir a monarquia absolutista propriamente dita, pois os reis portugueses sempre tiveram seu poder limitado pelas Cortes e por outros órgãos governamentais. Foi assim com o rei D. João VI e com os dois primeiros e únicos imperadores do Brasil, D. Pedro I e D. Pedro II. Até uns tempos atrás, era comum os pais exercerem – ou tentarem exercer – poder absoluto sobre seus filhos. Felizmente isso também mudou.

ACLAMAÇÃO

Embora também signifique "consagração", "aplauso", "ovação", no sentido em que é empregada aqui "aclamação" quer dizer o ato de reconhecer solenemente o poder de um soberano ou de um chefe de Estado, em geral no momento em que ele toma posse. No tempo da monarquia, as aclamações eram festas grandiosas. O Brasil viveu três delas, sendo a primeira quando o até então príncipe regente D. João tornou-se o rei D. João VI. Esta festa foi muito marcante, pois pela primeira vez um soberano europeu era aclamado rei longe da Europa. Já a aclamação de D. Pedro como Imperador Constitucional e Defensor Perpétuo do Brasil se deu em 12 de outubro de 1822, um mês e cinco dias após o Grito do Ipiranga, marcada para coincidir com o aniversário de 24 anos do príncipe, que só a partir daquele dia passou a ser D. Pedro I. A comemoração aconteceu no atual Campo de Santana (região central do Rio de Janeiro), então chamado de Campo da Aclamação. Anos depois, haveria uma terceira aclamação, a de D. Pedro II, filho de D. Pedro I.

AMIGO

Claro que é bom ter amigos. E D. Pedro teve muitos. O problema é que alguns não eram o que se pode chamar de boa companhia. Ainda assim, o príncipe costumava ser bem fiel e adorava seus amigos, mesmo que não soubesse escolhê-los. Vários deles se aproveitaram da proximidade com o poder para botar a mão no dinheiro público, para conseguir cargos e empregos para eles mesmos ou para seus parentes e conhecidos. Aliás, isso continua acontecendo no Brasil, como a gente vê todos os dias no noticioso. Quando pequeno, D. Pedro era um tanto rude com as crianças que o cercavam, mesmo aquelas que considerava amigas. O príncipe e seu irmão, o violento e malvado D. Miguel, gostavam de brincar de guerra e dividiam os amigos em regimentos, entrando em combate uns contra os outros. Vários meninos se machucavam. No Brasil, o jovem D. Pedro continuou com as brincadeiras de mau gosto, mas o que mais chama a atenção é que ele estabelecia laços de amizade com alguns de seus criados – em especial os que cuidavam de seus cavalos. Aliás, uma das críticas dos nobres e estrangeiros que conviveram com o príncipe depois de ele já ser homem feito foi de que seus modos pareciam os de "um moço de estrebaria". Dentre os amigos de D. Pedro, nenhum foi mais próximo e mais importante do que Francisco Gomes da Silva, de apelido Chalaça. E o mais venal (palavra elegante para chamar alguém de ladrão) talvez tenha sido seu criado de quarto, mordomo e diretor das cozinhas, Plácido Antônio Pereira de Abreu, um rematado sem-vergonha que de plácido não tinha nada.

Ver **Chalaça** e **Plácido**

AMOR

Onde já se viu um livro de história ter, e logo no início, a palavra "amor"? Sempre presente nos romances e contos de fadas (com príncipes e princesas), o amor quase nunca dá as caras nos livros escolares. É como se ninguém amasse quando o assunto é História, assim com maiúscula. Só que é impossível falar da Independência do Brasil sem falar em amor. Simplesmente porque o príncipe, depois imperador D. Pedro era um amante insaciável. Além de amar o Brasil, amou muitas mulheres. Amou sua primeira esposa, D. Leopoldina. E também a segunda, D. Amélia. Mas a grande paixão de sua vida foi Domitila de Castro Canto e Melo, a Marquesa de Santos, com a qual trocou apaixonadas cartas de amor.

Ver **Leopoldina** e **Marquesa de Santos**

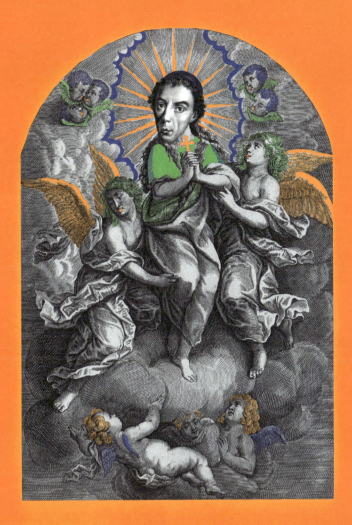

ANTÔNIO DE ARRÁBIDA

Arrábida é uma palavra de origem árabe. *Al-ribat* significa "local de oração"; *ar-rabita* quer dizer "convento fortificado". Coincidência ou não, a vida do português Antônio de Arrábida sempre esteve ligada à Igreja. Nascido em 1771, entrou para o claustro do convento de São Pedro de Alcântara ainda muito jovem e logo foi nomeado bibliotecário do convento de Mafra. Foi lá que o então príncipe D. João o conheceu e o convidou para ser conselheiro real. Homem de confiança do regente, Arrábida tornou-se responsável pelos estudos de D. Pedro; quando a Família Real embarcou para o Brasil, ele veio junto, no mesmo navio do jovem príncipe. No Rio de Janeiro, seguiu sendo o preceptor de D. Pedro, mas preferiu instalar-se no convento de Santo Antônio, onde seu pupilo tinha que subir a grande escadaria para estudar piano e receber conselhos. Com o retorno de D. João VI à terra natal, D. Pedro designou frei Arrábida para o mesmo posto que ocupava em Portugal: conselheiro real. Após a Independência, o religioso seguiu conselheiro, mas assumiu também o cargo de primeiro bibliotecário da Biblioteca Imperial e Pública da Corte. Para completar, ainda se tornaria diretor dos estudos de príncipes e princesas imperiais. Permaneceu no Brasil até a morte, aos 78 anos, na cela do seu convento, seu local de oração, ecoando no próprio destino o nome que carregava.

ÁRVORE GENEALÓGICA

Esse tipo engraçado de árvore não cresce na terra, mas tem raízes, tronco, galhos e frutos (que, como dizia minha mãe, nunca caem longe do pé).
A árvore genealógica é uma representação gráfica das interligações familiares de uma pessoa. O engraçado é que essas árvores brotam de cima para baixo, começando lá no alto, às vezes com os bisavós, e descendo até as mais novas gerações. As pessoas que aparecem na árvore de D. Pedro eram integrantes da dinastia de Bragança, casa real que governou Portugal de 1640 a 1910.

ASSINATURA

Assinar é bem mais do que rabiscar o nome num papel. A definição mais comum de assinatura está nos dicionários: "Escrito ou marca feito em um documento para lhe dar validade ou identificar sua autoria". No caso da separação do Brasil de Portugal, o que muita gente não sabe é que o Decreto da Independência não foi assinado por D. Pedro, mas por sua esposa D. Leopoldina, cinco dias antes de ele dar o Grito do Ipiranga. Isso aconteceu porque D. Pedro entregou o poder a D. Leopoldina em 13 de agosto de 1822, nomeando-a chefe do Conselho de Estado e princesa regente interina do Brasil, pois teve que partir para São Paulo por causa de uma rebelião. Quando o príncipe estava lá, D. Leopoldina recebeu péssimas notícias das Cortes Constituintes de Portugal; sem tempo de esperar pela volta do marido e aconselhada por José Bonifácio, usou seus atributos de chefe interina do governo para firmar – ou seja, assinar – o Decreto da Independência, declarando o Brasil separado de Portugal. Depois disso, enviou uma carta ao marido sugerindo que ele proclamasse logo a Independência do Brasil.

B

BAHIA

Sem "h", baía é um acidente geográfico, uma enseada do mar, arredondada e quase sempre sem ondas, onde, se ela não estiver poluída, é bem bom dar um mergulho. Já Bahia com "h" é um estado do Nordeste brasileiro. E foi em uma linda baía lá da Bahia – a de Porto Seguro – que os portugueses chegaram pela primeira vez ao Brasil, em 22 de abril de 1500. Não por acaso, foi na baía de Todos os Santos que a Família Real desembarcou em 1808, antes de se transferir para o Rio de Janeiro pouco tempo depois. Mas o verbete está presente neste livro porque a Independência do Brasil só se concretizou mesmo no dia 2 de julho de 1823, quase um ano depois do Grito do Ipiranga, quando tropas brasileiras enfim venceram o exército português que, instalado em Salvador, antiga capital do Brasil, simplesmente se recusava a aceitar a separação da colônia de Portugal. Na Bahia, até hoje a Independência é comemorada em 2 de julho.

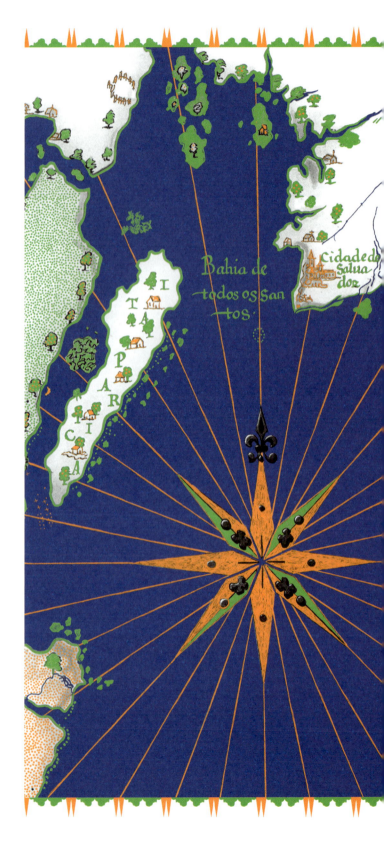

BAILARINA

O primeiro caso de amor duradouro de D. Pedro foi com a bailarina francesa Noemy Thiery. Quando o príncipe a viu dançar, sua cabeça rodopiou e os dois viraram namorados. A questão é que ele estava de casamento marcado com D. Leopoldina e essa paixão poderia arruinar o matrimônio de importância estratégica. Assim, por razões de Estado e depois de muita pressão de seus pais, D. Pedro deu fim ao romance. Cinco contos de réis foram tirados dos cofres reais e dados a Noemy, que ainda ganhou enxoval para o filho que esperava de D. Pedro e, de quebra, um marido, já que um oficial português foi "convidado" a casar com ela. O novo casal foi enviado para Recife, onde Noemy deu à luz um prematuro natimorto. Dizem que o corpo embalsamado da criança foi colocado numa caixa e enviado a D. Pedro, que o manteve em seu gabinete.

BANCO

Pode ser um lugar para sentar, mas não é por isso que está aqui. Banco, como você deve saber, é também um lugar onde se guarda dinheiro, se pagam contas e se pede empréstimo (o que, no Brasil, é péssima ideia por causa das altíssimas taxas de juros). D. João, pai de D. Pedro, fundou o Banco do Brasil em 12 de outubro de 1808. Seu objetivo era gerar dinheiro para a Corte enquanto ela estivesse em solo brasileiro. Embora parecesse algo bom, a coisa logo começou a ir mal: o Banco do Brasil passou a emitir mais dinheiro do que a Coroa arrecadava. Além disso, houve uma série de desfalques, desvios e extravios. E o pior é que, em vez de "proceder a rigoroso inquérito, como aconselhava a salvação da instituição", o governo "impôs o silêncio pela violência aos que davam curso àqueles boatos", como relatou injuriado o conselheiro Pereira da Silva. Para piorar, quando a Família Real foi embora, em 1821, raspou os cofres e não deixou uma só moeda. Mas os bancos ainda não saíram dessa história porque, quando foi declarada a Independência, o Brasil teve que pegar dinheiro emprestado com bancos ingleses, em especial, o Baring Brothers (que faliu em 1995). Ao mesmo tempo, precisou assumir a dívida que Portugal tinha com este e outros bancos em troca do reconhecimento da Independência.

Ver **Dívida**

BANDEIRA

Foi na Idade Média, quando os exércitos levavam um estandarte com um pedaço de pano na ponta com as cores e o símbolo que os identificavam, que as bandeiras se popularizaram. Atualmente, todo país, estado, cidade, reino e até time de futebol tem sua bandeira, pois elas são a representação visual dessas entidades. Nada mais natural, portanto, que, ao deixar de ser colônia e virar império, o Brasil ganhasse um novo pavilhão (um dos sinônimos de bandeira). Em 16 de novembro de 1822, a bandeira imperial foi adotada como um dos símbolos da Independência. Criada pelo artista francês Jean-Baptiste Debret com a ajuda de José Bonifácio, tinha o fundo verde, um losango amarelo-ouro no meio e, no centro deste losango, o brasão imperial. Em cima do brasão, uma coroa dourada de fundo vermelho; embaixo dele, um ramo de café e um de tabaco, os dois produtos que geravam mais renda para o Brasil. O brasão era formado por um escudo verde e tinha no centro uma esfera (a chamada "esfera armilar") e a cruz da Ordem de Cristo em vermelho. Em volta da cruz, que simbolizava o catolicismo, havia um aro de fundo azul com vinte estrelas que representavam as províncias brasileiras. No dia 1º de dezembro de 1822, por meio de um decreto, D. Pedro fez algumas modificações na primeira versão da bandeira imperial e alterou o fundo da coroa de vermelho para verde.

Ver **Cores**

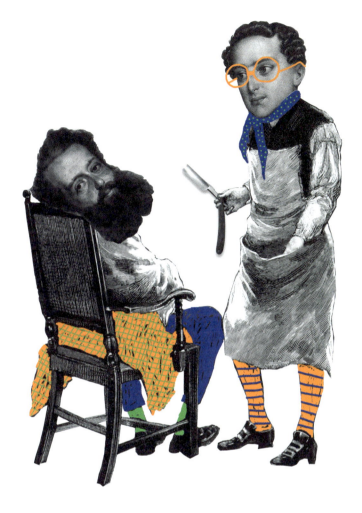

BARBA

Vários dos homens que ajudaram a fazer a Independência do Brasil eram barbudos – simplesmente porque usar barba era moda na época. D. Pedro usou diferentes tipos de barba e, embora a mais conhecida seja aquela por cima das bochechas, chegou até a ter um barbão, como mostra a ilustração desta página. Mas a Independência não foi feita "no fio da barba", expressão que quer dizer que um negócio é realizado com base na confiança e cuja origem vem do tempo em que um homem entregava um fio de sua barba como prova de que cumpriria a palavra. Já a expressão "colocar as barbas de molho" significa dizer que a pessoa deve ter paciência e prudência – mantendo a calma sem deixar de ficar alerta. Pode-se dizer que D. Pedro I costumava cumprir a palavra, mas com certeza não deixava suas barbas de molho.

BARRO

Mistura de terra com água que as mães odeiam ver grudada no sapato dos filhos, para não falar nas roupas e no corpo. Saiba que o barro serviu de modelo para uma obra de arte. A imagem mais associada à Independência é o quadro de Pedro Américo *O Grito do Ipiranga*, pintado em Florença em 1888. Para deixar a obra o mais realista possível, o pintor pediu que lhe enviassem "amostras do barro da colina do Ipiranga", para que pudesse reproduzir de forma fiel a cor avermelhada. Quem olha o quadro, fica com a sensação de que as margens do riacho eram bem lamacentas.

Ver **Quadro** e **Pedro Américo**

17

BEIJA-MÃO

Cerimônia tradicional em todas as monarquias do mundo, fazia parte dos costumes dos reis portugueses desde a Idade Média – os súditos se ajoelhavam e beijavam a mão dos soberanos em sinal de respeito. D. João VI parecia gostar do costume e ficava horas recebendo beijos na mão (que nunca lavava). Já D. Pedro gostava de beijar e ser beijado, mas não na mão. Quando pequeno, o príncipe chegou a dar uns sopapos em várias crianças que vinham beijar sua mão. Depois de adulto, continuou sem gostar da cerimônia, mas passou a beijar muitas mulheres. Algumas sem pedir licença. Foi o caso ocorrido com uma escrava que ele encontrou andando por uma rua da cidade de Santos, poucos dias antes do Grito do Ipiranga. Nela D. Pedro aplicou um beijo na bochecha. A moça, que não sabia que se tratava do príncipe, revidou com uma bofetada na cara do atrevido. D. Pedro riu e foi embora sem revelar sua identidade.

BIBLIOTECA

Provavelmente você já sabe, é o lugar que guarda um monte de livros – organizados e prontos para serem lidos, alguns até raros. Toda escola deveria ter uma boa biblioteca, mas no Brasil muitas ainda não têm. Ao chegar de Portugal, D. João VI estabeleceu, entre outras coisas, a Real Biblioteca. Quando o Brasil deixou de ser real e se tornou imperial, a biblioteca seguiu os passos da nação e passou a se chamar Biblioteca Imperial e Pública da Corte. Seu primeiro bibliotecário (que na época era tipo o diretor da biblioteca) foi Antônio de Arrábida, amigo e ex-preceptor de D. Pedro. Em 12 de novembro de 1822, já entre as determinações para um Brasil independente, o ministro José Bonifácio decretou que seria obrigatório o envio à biblioteca de um exemplar de todas as obras, folhas periódicas e volantes impressos na Tipografia Nacional. Para ajudar na organização, Arrábida tratou de criar o Livro Memorial, que, a partir daquele mesmo ano, passou a registrar todos os documentos recebidos. Em 1824, a Biblioteca Imperial abriu suas portas para consultas públicas; em 1825, os manuscritos pertencentes ao Real Tesouro voltaram para Lisboa e o restante do acervo foi incluído nas cláusulas do Tratado de Paz e Amizade com Portugal. A Biblioteca Imperial (antes Real) viraria Nacional com a Proclamação da República. Todo o brasileiro deveria visitá-la pelo menos uma vez na vida. Além de bem grande, é linda por dentro e por fora.

BRASILEIRO

Todo mundo sabe o que quer dizer brasileiro, certo? Errado. Originalmente, a palavra "brasileiro" era usada apenas e tão somente para se referir às pessoas que trabalhavam com o tráfico de pau-brasil. E estava correto, pois o sufixo "eiro" indica um ofício, como em sapateiro, ferreiro, bombeiro... Para citar ocupações da época, temos o pimenteiro (comerciante de pimenta), o baleeiro (caçador de baleias) e o negreiro (traficante de escravos). Por isso, "brasileiro" era depreciativo – na verdade, quase uma ofensa. E era com essa intenção malévola que integrantes das Cortes Constituintes portuguesas chamavam D. Pedro de "O Brasileiro". Se as regras gramaticais tivessem sido corretamente aplicadas, deveríamos nos chamar e sermos chamados de "brasilienses", como, aliás, o somos em inglês (*Brazilians*) e em francês (*Brésiliens*).

C

CAFÉ

Muita gente toma – de manhã (café da manhã), de tarde (café da tarde) e até a noite. Mas quer saber uma coisa? Não é bom tomar de noite, pois o café é um estimulante e pode tirar o sono. Por ter esse poder "ligante" – que "dá espírito a quem não o tem", como dizia o poeta inglês Lord Byron –, o café se tornou muito consumido no mundo inteiro. A bebida é produzida a partir dos grãos torrados do fruto do cafeeiro, arbusto nativo da Etiópia, na África. A palavra "café" é originária do árabe *qawha* e quer dizer "vinho", já que o líquido era considerado intoxicante, pois a cafeína (princípio ativo do café) de fato é bem potente. O café chegou ao Brasil de um jeito um tanto sinuoso: as primeiras mudas foram roubadas da Guiana Francesa pelo militar Francisco Melo Palheta em 1727. Por volta de 1790, as plantações se expandiram por regiões do Rio de Janeiro, e na época da Independência o pó negro que vicia já havia se tornado o principal produto de exportação do Brasil. A importância econômica do café era tão grande que um ramo da planta acabou desenhado na primeira bandeira do Brasil independente.

Ver **Bandeira**

CÂMARA MUNICIPAL

Na Idade Média, os homens-bons (como eram chamados os cidadãos de relevância social) de uma cidade ou vila elegiam um conjunto de oficiais para administrar a localidade. Como esses oficiais em geral se reuniam numa câmara (peça ou aposento de uma casa), o próprio órgão de administração local passou a ser chamado de Câmara. A partir do Renascimento, as câmaras das cidades mais importantes ficaram conhecidas como Senado ou Senado da Câmara. Os integrantes da Câmara encarregados de fazer as leis em âmbito municipal eram os vereadores. Foi essa a estrutura de poder legislativo que o Brasil herdou de Portugal e que, em termos gerais, segue a mesma. Antes, durante e depois da Independência, D. Pedro teve confrontos com a Câmara e com o Senado da Câmara, como a maioria dos governantes tem até hoje.

CAMINHO GERAL

Atualmente, São Paulo e Rio de Janeiro estão interligados por uma estrada perigosa e movimentada. Ela se chama Via Dutra e foi inaugurada em janeiro de 1951. Seu trajeto é basicamente o mesmo de uma trilha pré-histórica indígena. Nos tempos de D. Pedro, essa trilha já havia sido muito melhorada, mas ainda era cheia de lamaçais, trechos íngremes, mata cerrada e rios que precisavam ser cruzados sem o auxílio de pontes. Chamava-se Caminho Geral do Rio a São Paulo e, com um trajeto bem mais longo e sinuoso do que o atual, tinha cerca de 660 quilômetros. Foi pelo Caminho Geral que D. Pedro e sua comitiva partiram do Rio no dia 14 de agosto de 1822, chegando a São Paulo no dia 24. A viagem, que durou dez dias na ida, seria feita em apenas cinco na volta, quando D. Pedro retornou para o Rio após ter proclamado a Independência às margens do Ipiranga.

CARÁTER

Palavra derivada do grego *kharaktêr, êros*, que quer dizer "sinal gravado", "marca". É o conjunto das qualidades, boas ou más, de uma pessoa e determina sua conduta e sua moral; é o temperamento de alguém, fruto das condições ambientais, familiares, sociais e educacionais recebidas. Todos que conheceram D. Pedro afirmaram que seu caráter era bastante peculiar. O príncipe foi criado solto, primeiro na Quinta da Boa Vista, depois na Fazenda Santa Cruz, na zona oeste do Rio. D. Carlota nunca gostou muito dele, e alguns acham que D. Pedro buscava em centenas de amantes o amor que nunca recebeu da mãe. Ele era uma pessoa ambígua: generoso e sovina, gentil e raivoso, autoritário e liberal – tudo ao mesmo tempo, dependendo do seu astral. Na época de D. Pedro, ninguém tinha ouvido falar em bipolaridade e muito menos achava que isso pudesse ser um distúrbio. Contudo, suas bruscas alterações de comportamento, passando da euforia à tristeza quase sem escalas, indicam que D. Pedro era mesmo bipolar. Também é fato que, depois de tratar mal as pessoas, o príncipe muitas vezes pedia desculpas, algo raríssimo entre integrantes de uma família real nos tempos da monarquia. Ou seja, se D. Pedro não tinha lá um bom caráter, tudo leva a crer que tinha um bom coração.

CARLOTA JOAQUINA

A mãe de D. Pedro I tinha o que se pode chamar de personalidade forte. Espanhola, a princesa D. Carlota Joaquina de Bourbon foi obrigada a se casar aos dez anos de idade com o príncipe português D. João, oito anos mais velho. Mas eles só viraram marido e mulher de verdade cinco anos depois, e o casamento nunca foi feliz nem amigável. Já na noite de núpcias, Carlota deu uma dentada na orelha do noivo e jogou um castiçal na cara dele. Mesmo depois do nascimento dos filhos (que seriam nove), o casal continuou se comportando como inimigos – e o pior é que eram mesmo, pois D. Carlota sempre defendeu os interesses da Espanha, muitas vezes contrários aos de Portugal. A mãe de D. Pedro tinha bigode, era manca e cruel, ou seja, praticamente uma bruxa. Mas, entre intrigas e maldades, sabia aproveitar a vida; dizem que gostava de tomar banho de mar nua, andava a cavalo, cantava e dançava flamenco. Seu filho preferido era D. Miguel, que todos na corte comentavam ser fruto de seu caso extraconjugal com o Marquês de Marialva. Quando voltou para Portugal, junto com D. João, dizem que D. Carlota teria batido a sola dos sapatos uma contra a outra e falado: "Desta terra não quero levar nem o pó". Não há provas de que tenha mesmo dito isso, mas a frase revela o quanto ela odiava o Brasil. A rainha morreu em Lisboa, em janeiro de 1830, aos 54 anos, sem jamais ter retornado à sua amada Espanha.

CARTAS

Numa época em que não existia telefone, e-mail e muito menos whatsapp, as pessoas só tinham uma maneira de se comunicar quando estavam distantes: mandando e recebendo cartas. Todos os personagens deste livro escreveram e receberam milhares de cartas, e elas tiveram um papel fundamental na Proclamação da Independência do Brasil. Afinal, foi quando recebeu em São Paulo as cartas mandadas do Rio de Janeiro por D. Leopoldina e José Bonifácio – escritas para rebater as cartas enviadas pelas Cortes Constituintes portuguesas – que D. Pedro decidiu tornar o Brasil independente de Portugal. A carta de José Bonifácio dizia: "Senhor, não temos nada mais o que esperar, os dados estão lançados". Estas cartas foram entregues a D. Pedro pelo Correio Real: Paulo Bregaro as levou a cavalo, feito um raio, do Rio até as margens do riacho Ipiranga. Mas não foram as únicas cartas a entrar para a história, pois D. Pedro e D. Leopoldina mantiveram uma intensa correspondência. Infelizmente para a imperatriz, seu marido também mandava cartas – e muito mais calorosas – para sua amante, a Marquesa de Santos.

CASA DE BRAGANÇA

Casa não é apenas um lugar para morar, mas também se refere à linhagem real, a uma dinastia que em geral está no poder – ou que luta para tomá-lo ou retomá-lo. A Casa de Bragança, cuja designação oficial é Sereníssima Casa de Bragança, constitui uma linhagem nobre portuguesa que teve bastante influência na Europa e no mundo até o início do século 20. A palavra Bragança advém do topônimo latino *brigantia*, provavelmente derivado do céltico *briga*, que queria dizer fortaleza, ou então de brigantes, nome de uma antiga tribo celta. A dinastia de Bragança, que tem dois dragões em seu selo real, foi a casa real portuguesa por quase 300 anos, de 1641 até 1910, ano da proclamação da república em Portugal. Todos os integrantes da Família Real que desembarcou no Brasil em 1808 eram membros da Casa de Bragança. A dinastia imperou no Brasil até novembro de 1889, quando D. Pedro II foi deposto. A então herdeira do trono, a princesa Isabel de Bragança, havia se casado em 1864 com o nobre francês Conde d'Eu, Luís Filipe Gastão de Orléans, neto do rei Luís Filipe I da França. Ocorreu assim uma junção matrimonial entre as Casas de Orléans e de Bragança, vindo os descendentes a utilizar o nome Orléans e Bragança, que ainda empregam. Como a princesa D. Isabel seria a rainha depois do falecimento de D. Pedro II, seus descendentes disputam até hoje o extinto trono imperial brasileiro.

CASA DO GRITO

Parece título de filme de terror, mas é apenas uma singela casinha de pau a pique localizada a 140 metros de onde D. Pedro deu o grito de "Independência ou morte!". Ela aparece como originalmente era em uma aquarela do pintor Edmund Pink chamada *Vista de Peranza*, pintada em 1823 (e cujo detalhe foi usado na gravura desta página). A pintura é o único registro visual contemporâneo do local onde foi proclamada a Independência. Pedro Américo incorporou a casa ao seu quadro (pintado em 1888), e o imóvel foi desapropriado pelo Patrimônio Histórico em 1936. Ficou abandonado até 1955, quando foi restaurado. Tombada desde 1975, a casa passou por novas reformas, dessa vez com maiores cuidados, sendo reinaugurada e aberta para visitação em 7 de setembro de 2008.

Ver **Quadro**

CASAMENTO

Na época de D. Pedro, nenhum nobre de sangue real casava por amor, os casamentos eram arranjados por interesse político. Na maior parte das vezes, o noivo e a noiva sequer se conheciam antes das núpcias. Foi assim com os pais de D. Pedro, D. João e D. Carlota Joaquina (que se casaram quando ele tinha 18 e ela dez anos de idade, para firmar um acordo entre Portugal e Espanha), e assim seria com o próprio D. Pedro, cujo primeiro casamento foi com Leopoldina da Áustria, sobrinha-neta de ninguém menos do que Maria Antonieta, rainha da França (aquela que perdeu a cabeça na guilhotina durante a Revolução Francesa). Apesar de nunca ter encontrado o noivo pessoalmente até o dia do casamento, Leopoldina apaixonou-se pelo futuro marido ao ver o retrato dele num medalhão incrustado de pedras preciosas. O tal medalhão havia sido entregue a ela pelo Marquês de Marialva, que foi a Viena pedir sua mão em nome de D. Pedro e da Casa de Bragança. Para convencer Francisco I, imperador do Sacro Império Romano e pai da arquiduquesa Leopoldina, Marialva entrou na cidade à frente de um séquito com 41 carruagens, cada uma delas puxada por seis cavalos brancos, e distribuiu diamantes, joias e barras de ouro para os principais integrantes da casa de Habsburgo. D. Pedro e D. Leopoldina casaram-se por procuração em maio de 1817. Encontraram-se pela primeira vez em 6 de novembro – e foi amor à primeira vista. Naquele dia, no Rio de Janeiro, houve a cerimônia formal, em seguida os dois desfrutaram de uma ardente lua de mel. O casamento foi crucial para a Independência do Brasil, pois D. Leopoldina teve grande influência sobre D. Pedro e, junto com José Bonifácio, foi a principal incentivadora para que ele separasse o Brasil de Portugal. Após a morte de D. Leopoldina, em 11 de dezembro de 1826, aos 29 anos, D. Pedro casou-se novamente com D. Amélia de Leuchtenberg, em outubro de 1829, e ficaria casado com ela até morrer.

CAVALO

É um animal, isso todo mundo sabe. Mas não um animal de estimação, apesar de estimado por muita gente. D. Pedro amava cavalos, além de ser exímio cavaleiro. Sempre que a gente pensa na Independência do Brasil, imagina D. Pedro montado num belo cavalo com a espada em riste. Só que naquele momento ele na verdade montava uma mula. Mas sempre que podia estava na companhia de um cavalo. Passava horas nas estrebarias reais e ele mesmo trocava as ferraduras e selava seus cavalos favoritos. Apesar de montar bem, era muito imprudente e caiu 36 vezes do cavalo, sendo que algumas quedas resultaram em ossos quebrados e, segundo pesquisadores, podem ter agravado a epilepsia congênita. D. Pedro bateu alguns recordes a cavalo: quando voltou de São Paulo para o Rio, depois do Grito do Ipiranga, percorreu os mais de 600 quilômetros entre uma cidade e outra em apenas cinco dias, chegando três horas antes do segundo cavaleiro.

CENSURA PRÉVIA

É quando alguém, chamado de censor, julga produções intelectuais ou trabalhos artísticos a partir de critérios morais ou políticos antes que as obras cheguem ao público. É o censor que decide se algo é ou não é conveniente para exibição, publicação ou divulgação. Antes da Independência havia, sim, censura no Brasil. E bem atuante. Se uma pessoa quisesse imprimir qualquer coisa (um panfleto, um jornal, um livreto de poemas), o único lugar onde poderia fazer isso era na estatal Imprensa Régia, já que o governo português não permitia que houvesse outra tipografia no Brasil. Se alguma outra máquina tipográfica surgisse, era logo destruída e seu dono posto na prisão. A Imprensa Régia tinha três censores. Eles só foram demitidos em 28 de agosto de 1821, quando a censura prévia foi extinta no Brasil – embora, infelizmente, tenha voltado a funcionar todas as vezes em que o Brasil viveu sob alguma espécie de ditadura. O contrário de censura prévia é liberdade de imprensa.

CHALAÇA

Significa deboche, pilhéria, piada de mau gosto. Já dá para imaginar que tipo de homem poderia ter um apelido como este, não é? A questão é que, apesar do caráter duvidoso, Francisco Gomes da Silva, o Chalaça, virou o melhor amigo do jovem príncipe D. Pedro. E não só isso: se tornaria também seu secretário particular e eventual professor. Depois de D. Pedro ser coroado imperador, a influência de Chalaça na corte aumentaria ainda mais – e ele passou a fazer o que hoje se chama de tráfico de influência. Para conseguir qualquer coisa, até mesmo falar com D. Pedro, era preciso antes falar com o Chalaça. Os dois haviam se conhecido em 1816, em um lugar mal-afamado do Rio de Janeiro: a Taberna da Corneta, na rua das Violas. Chalaça era namorado de Maricota Corneta, a dona da dita taberna. Ele tinha vindo de Lisboa na mesma frota que a Família Real e estava com 23 anos. O príncipe tinha 18. Daquele momento em diante, os dois se tornaram inseparáveis. Tanto que Chalaça estava às margens do Ipiranga em 7 de setembro de 1822 e ao lado de D. Pedro em seu leito de morte, em 24 de setembro de 1834.

CHAPÉU

D. Pedro usava chapéu de palha, algo muito incomum para um nobre. É que o príncipe jamais foi dado a cumprir o cerimonial. O inusitado dessa história é que o chapéu de palha já tinha sido usado como símbolo de revolta e como afronta à monarquia no Brasil por rebeldes separatistas, como o baiano Cipriano Barata, líder da chamada Revolta dos Alfaiates, ou Conjuração Baiana, de 1798. Barata também andava com roupas rasgadas, dando origem ao termo "farrapos", ou "farroupilhas", que em 1835 seria empregado pelos revoltosos gaúchos da Revolução... Farroupilha. Além do chapéu de palha, D. Pedro usava roupas de algodão bem largas e simples. A dúvida é se ele também as usava rasgadas.

CHINÊS

Em 1812, D. João VI trouxe imigrantes chineses ao Brasil para plantarem chá no Jardim Botânico do Rio de Janeiro. Embora o pintor Debret tenha feito um belo quadro desses orientais labutando na lavoura, o fato é que a experiência não deu certo. A maior parte dos colonos voltou para a China; vários, no entanto, ficaram a ver navios. Sem apoio nem respaldo, alguns foram viver nas encostas da floresta da Tijuca. E ali ocorreu um dos mais terríveis, tristes e menos conhecidos acontecimentos da história do Brasil; o perverso príncipe D. Miguel, irmão mais moço de D. Pedro, acompanhado de outros nobres amigos dele, todos a cavalo e com a ajuda de cães, iam até as matas com o objetivo de... caçar chineses. Há registros de que tenham perseguido e matado pelo menos dois desses infelizes chineses. Um crime hediondo que, obviamente, nunca foi apurado nem punido.

CIDADÃO

Em sua essência, a palavra de origem latina já faz referência ao significado mais explícito: cidade. Ou seja, se refere às pessoas que vivem em cidades, mas passou a designar todo indivíduo que mora em um Estado soberano, onde pode usufruir de direitos e, em troca, precisa cumprir deveres. A noção básica de cidadania pressupõe justamente a interdependência entre direitos e deveres. Os direitos dos cidadãos brasileiros foram assegurados pela Constituição de 1824, outorgada por D. Pedro; entretanto, escravos, indígenas e desvalidos em geral – muitos dos quais não moravam nas cidades – foram tratados como cidadãos de segunda classe, quando muito. Até hoje tanto o exercício quanto os benefícios da cidadania seguem bastante frágeis no Brasil, pois, ao que tudo indica, continuamos sendo um povo que não só tem pouca consciência de seus direitos como também pouca disposição para cumprir seus deveres.

COCHRANE, Thomas

Apelidado de Lobo do Mar por ninguém menos que Napoleão, o almirante inglês Lorde Cochrane foi uma das figuras mais impressionantes de sua época – na verdade, de qualquer época. Nascido na nobreza, foi deserdado pelo pai. Ficou rico aplicando na Bolsa de Valores, só que, depois de dar um desfalque, teve que fugir de Londres e se refugiar na França. Lá decidiu seguir a carreira militar e se tornou um dos maiores almirantes da história – se não o maior. Suas táticas de guerra no mar o levaram a obter vitórias que pareciam impossíveis. Cochrane se tornou um mercenário e passou a oferecer seus serviços para as nações que pagassem melhor. Como adorava a liberdade, preferiu lutar do lado das colônias sul-americanas que queriam se separar da Espanha. Por isso virou herói no Chile e no Peru. D. Pedro I ouviu falar dele e decidiu contratá-lo a peso de ouro para ajudar nas guerras travadas contra Portugal depois da Proclamação da Independência. O lorde e o imperador se tornaram grandes amigos, e Cochrane teria importância decisiva nas batalhas navais, especialmente nas travadas no Maranhão. Como percebeu que não seria pago pelo império, fugiu para a Inglaterra levando um navio como indenização. Apesar de Cochrane ter sido um homem de caráter dúbio, sua trajetória e o papel que desempenhou na Independência merecem maior destaque na história do Brasil.

COLÔNIA

Palavra latina, é o "território estabelecido e ocupado por pessoas que não são originalmente dali". Provém do termo *colere*, "cultivar", "habitar". O conceito foi posto em prática pelo Império Romano, que, mais do que simplesmente cultivar e habitar, passou a conquistar territórios e colonizá-los. De certa forma, se pode dizer que colônia é uma região que pertence a outra, que, por meio da conquista, se torna sua dona. Como Portugal "descobriu" e logo a seguir conquistou o Brasil, o vasto território encontrado por Cabral em abril de 1500 passou a ser colônia portuguesa. Até 7 de setembro dc 1822, quando a submissão acabou. Nenhum país gosta de ser colônia, pelo mesmo motivo que nenhuma pessoa gosta de ter dono. Tanto os países como as pessoas gostam é de ser independentes. E nascem para isso.

CONSELHO

Se conselho fosse bom ninguém dava de graça, diz o ditado – mas a verdade é que todo mundo precisa de conselhos. Bons conselhos, é claro. Em Portugal, desde o início da monarquia, no século 12, os reis se acostumaram (ou foram forçados) a governar por conselho. Por isso surgiu um órgão chamado... Conselho de Estado. No Brasil, logo após a Independência foi criado o Conselho dos Procuradores-Gerais das Províncias do Brasil, cuja função era não só auxiliar o imperador, mas também limitar seus poderes. O soberano deveria, por exemplo, ter o aval do Conselho para declarar a guerra, negociar a paz e nomear senadores. Depois de D. Pedro I dissolver a Assembleia Geral Constituinte, o conselho foi destituído pela lei de 20 de outubro de 1823. Para azar do Brasil, iniciou-se assim toda a sorte de injustiças, favoritismos e prisões arbitrárias. Um segundo Conselho de Estado foi criado logo depois para elaborar a Constituição. Era composto por dez membros mais os ministros. Contudo, esse órgão nunca teve a mesma liberdade do conselho anterior, por isso, os conselhos dados ao imperador eram apenas aqueles que ele queria escutar. E isso não tem a menor graça.

31

CONSTITUIÇÃO

Também chamada de Carta Constitucional, é a lei fundamental e suprema de uma nação, na qual estão agrupadas todas as normas relativas à formação dos poderes públicos, à forma de governo, à distribuição das responsabilidades, aos direitos e deveres dos cidadãos. Dá para resumir de um jeito mais simples e direto: a Constituição é a alma de uma nação. Enquanto foi colônia de Portugal, o Brasil precisava seguir a Constituição lusitana. Tão logo se tornou independente, começou as tratativas para fazer sua primeira Constituição. O processo, que envolveu inicialmente a convocação de uma Assembleia Constituinte, não foi nada fácil e terminou de modo trágico. Apesar de ter sido outorgada e não promulgada (o que significa que foi imposta pelo imperador – ou, como se costuma dizer, enfiada goela abaixo), a Constituição de 1824 acabou sendo bastante liberal e defendeu os direitos básicos e invioláveis dos cidadãos brasileiros por mais de meio século. Há historiadores de respeito que a consideram até a melhor do hemisfério ocidental, com a possível exceção da Constituição dos Estados Unidos. Até hoje, é a Constituição brasileira de vigência mais longa, tendo perdurado por 65 anos, até seu artigo 3º (que estabelecia a forma monárquica hereditária de governo) ser riscado pelo golpe militar deflagrado em 15 de novembro de 1889 pelo marechal Deodoro da Fonseca, que passou para a história com o nome de Proclamação da República, pois de fato proclamou a república no Brasil.

CONSTITUINTE

Para fazer uma Constituição é preciso primeiro eleger um conjunto de deputados constituintes. Esse grupo forma então uma Assembleia Constituinte. A primeira Assembleia Constituinte do Brasil tinha 90 integrantes (45 deles advogados) e se reuniu pela primeira vez em 3 de maio de 1823. A assembleia acabaria destituída por soldados com baionetas caladas, por ordem de D. Pedro I, que julgou seus poderes demasiadamente diminuídos pela nova Carta. A dissolução da assembleia pelas forças militares se deu na madrugada de 12 de novembro de 1823, que passou para a história como a Noite da Agonia. É um episódio bem triste, pois o Brasil independente entrou em sua vida constitucional já sob o signo do arbítrio. Arbítrio é uma palavra tão feia que não ganhou um verbete, mas entre seus significados estão abuso, despotismo, opressão, tirania, prepotência, injustiça. Um monte de palavrões que a gente deve evitar.

CORAÇÃO

Ao receber as cartas das Cortes Constituintes portuguesas, pouco antes de proclamar a Independência, D. Pedro sentiu-se, segundo testemunhas, "aflito, seu peito arfante num movimento apressado, e com a mão esquerda ele comprimiu o coração que palpitava dolorosamente". Esse mesmo coração parou de bater no dia 24 de setembro de 1834. Três dias depois, seu corpo foi enterrado na igreja de São Vicente, em Lisboa (seria transferido para o Brasil em 1972). Mas o coração foi posto numa urna e levado para a igreja da Lapa, na cidade portuguesa do Porto, pois essa foi sua ordem antes de morrer. É lá que o órgão está até hoje, conservado em uma solução mista de formol, e são necessárias cinco chaves para permitir acesso ao recipiente de vidro onde repousa o outrora agitado coração de D. Pedro. Um coração que bateu forte, motivado por muitas paixões, entre elas, com certeza, a paixão pelo Brasil.

CORES

Cada um tem a sua cor preferida (a minha é azul), e hoje em dia ninguém discute que as cores do Brasil são o verde e o amarelo. Acontece que, no tempo da Independência, as duas cores foram colocadas na primeira bandeira nacional porque representavam as famílias reais que governavam o império: o verde da Casa de Bragança, da família de D. Pedro I, e o amarelo da casa de Habsburgo, da família de D. Leopoldina. Tempos mais tarde, com a república e uma nova bandeira, as duas cores assumiram novos significados, e os republicanos preferiram dizer que elas estão ligadas às riquezas do país – o verde das matas e o amarelo do ouro, aos quais veio se somar o azul dos céus e rios do Brasil.

33

COROA

Tem gente que ainda chama as pessoas mais velhas de coroa – mas até essa gíria já envelheceu. A coroa aqui é aquela diretamente ligada à monarquia. Nos dicionários clássicos é descrita como "ornamento de formato circular usado sobre a cabeça como insígnia de soberania ou nobreza". A palavra provém do grego *korone*, originalmente usado para designar o círculo ao redor de um astro celeste. Alguns historiadores dizem que D. Pedro chegou a ter quatro coroas, pois o imperador do Brasil foi também rei de Portugal, onde se tornou D. Pedro IV. Além disso, tanto a Grécia como até a velha rival Espanha chegaram a lhe propor, por breves momentos (que nunca se concretizaram), que usasse suas respectivas coroas. Por extensão, coroa também significa "poder real, Estado monárquico, realeza", por isso se diz "Coroa portuguesa", por exemplo.

COROAÇÃO

A coroa que D. Pedro usou por mais tempo era também a mais bonita e preciosa delas: feita em ouro de 22 quilates e cravejada de diamantes, pesava cerca de três quilos. Foi posta em sua cabeça ao meio-dia de um domingo, 1º de dezembro de 1822, data de sua coroação. Foi um dia de muito sol e muita festa no Rio de Janeiro; a cerimônia, quase toda falada em latim e com duração de mais de três horas, foi precedida por desfiles militares e muitos toques de clarim. O ritual se baseou nas tradições do Sacro Império Romano, com alguns elementos copiados da coroação de Napoleão (que, apesar de inimigo da Família Real portuguesa, sempre foi admirado por D. Pedro). Mas, ao contrário de Napoleão, D. Pedro fez questão de deixar clara sua subordinação a Deus. Tanto é que repetiu, em latim, o juramento que lhe foi dito pelo ministro da Justiça: "Eu, Pedro I, pela graça de Deus e desejo unânime do povo, Imperador e Defensor Perpétuo do Brasil, juro guardar e preservar a religião católica apostólica romana. Juro observar e aplicar constitucionalmente as leis do império. Juro defender e preservar sua integridade, com toda minha força". A seguir, o imperador colocou a mão sobre a Bíblia e concluiu: "Com a ajuda de Deus e do Santo Evangelho". O belo espetáculo da coroação foi retratado em minúcias pelo pintor Jean-Baptiste Debret. Olhando o quadro com atenção, é quase como se você estivesse lá. Se bem que uma cerimônia quase toda falada em latim, com duração de três horas, num belo domingo de sol e praia no Rio de Janeiro, sei não…

CORREIO BRAZILIENSE

Durante os primeiros 300 anos da história do Brasil, era proibido imprimir ou publicar jornais por aqui. Tanto é que o primeiro periódico brasileiro foi escrito, editado e publicado em... Londres, na Inglaterra. Apesar de ser feito em terras distantes, chamava-se *Correio Braziliense*. Quem o criou foi José Hipólito da Costa. O jornal circulou de 1º de junho de 1808 a 1º de dezembro de 1822, num total de 175 exemplares. Hipólito da Costa defendia ideias liberais como a monarquia constitucional e o fim da escravidão. Seu jornal deu ampla cobertura aos acontecimentos que conduziriam à Independência do Brasil. Quando ela enfim foi proclamada, Hipólito decidiu encerrar a publicação, pois não só havia alcançado um de seus principais objetivos, como a partir de então passou a ser permitido fazer jornais no Brasil. Até hoje a imprensa livre é fundamental para que uma nação também seja livre – e os donos do poder gostam muito de reclamar ou pôr a culpa na imprensa. Embora a imprensa tenha seus defeitos, um mundo sem ela é muito pior. Cabe ressaltar que o bom Hipólito da Costa era de fato um letrado, tanto é que, em vez de usar "brasileiro" no nome de seu jornal, preferiu utilizar o termo gramaticalmente correto, "braziliense".

Ver **Brasileiro**

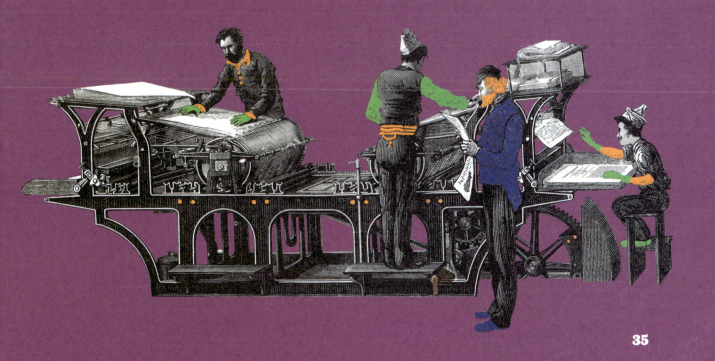

CORREIO REAL

O Brasil entrou oficialmente no curso da história por meio de uma carta: a carta de Pero Vaz de Caminha para o rei D. Manoel dando conta de uma nova terra descoberta na margem ocidental do oceano Atlântico. Essa carta, é claro, não foi enviada pelo correio. O correio só iniciou suas atividades no Brasil quase 200 anos depois, em janeiro de 1663, quando foi criado o chamado Correio-Mor das Cartas do Mar. As dificuldades logísticas eram imensas, e muitas vezes as cartas não chegavam aos destinatários – o que, aliás, acontece até hoje. É claro que D. Pedro tinha seus privilégios. Tanto é que recebeu as cartas que mudaram para sempre o destino do Brasil diretamente das mãos de Paulo Bregaro, que era o correio real, ou seja, o carteiro da Família Real. Antes de partir do Rio, Bregaro ouviu de José Bonifácio: "Se não arrebentar uma dúzia de cavalos no caminho, nunca mais será correio". Poxa, Bonifácio, que maldade! Ainda bem que Bregaro trocou tantas vezes de montaria que não precisou arrebentar nada.

CORTES

Cortes Gerais Extraordinárias e Constituintes da Nação Portuguesa, Soberano Congresso, Cortes Constituintes de 1820 ou simplesmente Cortes – assim era chamado o primeiro Parlamento português no sentido moderno do conceito. Foram as Cortes Constituintes de 1820 que decidiram que o rei D. João VI deveria voltar do Brasil para Portugal. No ano seguinte, em sessões tensas e tumultuadas, com os deputados quase trocando sopapos, as Cortes decidiram que o Brasil não apenas deixaria de ser um reino unido de Portugal, como também o vice-reinado, com sede no Rio de Janeiro, não seria restabelecido. Em vez de ter um governo central, o Brasil seria dividido em províncias autônomas, cujos governantes (militares) seriam nomeados pelas Cortes, o que significaria um grande retrocesso e o fim do Brasil como nação. Embora as determinações fossem absurdas e injustas, D. Pedro estava decidido a cumpri-las. Foi graças à petição escrita por José Bonifácio e assinada por toda a Junta Provincial de São Paulo que o príncipe decidiu desafiar as Cortes e permanecer no Brasil.

DEBRET

Hoje, basta pegar o celular e... clique, fazer uma *selfie*. No tempo em que não existia fotografia, a única forma de retratar as pessoas e os costumes era a pintura. Nenhum pintor teve seus pincéis tão próximos da Família Real portuguesa no Brasil quanto o francês Jean-Baptiste Debret, que chegou ao Rio de Janeiro com a Missão Artística Francesa em 1817. Além de retratar D. João VI, D. Pedro I, Carlota Joaquina e toda a corte, Debret pintou trabalhadores, indígenas e escravos negros. Com suas telas, se tornou o maior cronista visual do Brasil do século 19 e ajudou a mostrar para as gerações que vieram depois como era a vida naquela época. De quebra, ajudou a criar a primeira bandeira do Brasil independente. Muitas das ilustrações deste livro tiveram gravuras de Debret como base.

DECLARAÇÃO

Manifestação oral ou escrita, com ou sem testemunhas; anúncio ou revelação. Sendo assim, a Declaração da Independência do Brasil se deu no momento em que D. Pedro bradou "Independência ou morte!" às margens do Ipiranga, certo? Mais ou menos. Porque aquilo aconteceu no meio do nada, em frente a uma dúzia de pessoas. Durante um bom tempo, até os ministros e políticos ligados a D. Pedro discutiram quando o Brasil havia de fato declarado sua independência. José Bonifácio e José da Silva Lisboa defendiam que a declaração formal já havia se dado por meio dos manifestos assinados por D. Pedro I nos dia 1º e 6 de agosto de 1822, ou seja, um mês antes do Grito do Ipiranga.

Ver **Manifesto**

DECRETO

Ordem, decisão ou determinação legal emitida por uma autoridade superior, pelo chefe de Estado, por uma instituição civil ou militar, laica ou religiosa. Vem do latim *decretum*. O documento que a então princesa regente D. Leopoldina assinou na manhã de 2 de setembro de 1822 junto ao Conselho de Estado é considerado por muitos historiadores como o primeiro decreto da Independência do Brasil. Cabe ressaltar que isso se deu cinco dias antes de D. Pedro dar o brado do Ipiranga.

DEMONÃO

Assim D. Pedro I assinava as devassas cartas de amor que trocava com Domitila, sua tão adorada Marquesa de Santos. Mas não era só Demonão, não. Às vezes, o apaixonado também terminava seus escritos calorosos com Fogo Foguinho, provavelmente dando a entender que Titila – como ele a chamava, fazendo-a assinar as cartas dessa forma – era capaz de acender o imperador e deixá-lo com o Demonão no corpo.

DIARREIA

Piriri, caganeira, desarranjo, disenteria... Chame como quiser, o fato é que D. Pedro estava se borrando nas calças quando, na ida para São Paulo, recebeu as cartas de D. Leopoldina e José Bonifácio dando conta das terríveis determinações que as Cortes Constituintes de Portugal queriam impor ao Brasil. Ninguém sabe o que havia causado a soltura, embora a principal suspeita fosse a comida muito temperada do jantar da noite anterior. O certo é que, ao longo daquela jornada rumo ao Grito do Ipiranga, o príncipe regente teve que se aliviar oito vezes durante o caminho. Reza a lenda que, ao parar em um rancho em Cubatão, uma jovem chamada Maria do Couto teria preparado um chá de folhas de goiabeira para aliviar a dor de barriga de D. Pedro. Foi só depois de sentir-se melhor graças à infusão que o futuro imperador conseguiu seguir viagem. Não há documentos confirmando a história do chá e da bela dama que o preparou. Mas a diarreia foi bem real.

Ver **Quebrar o corpo**

DINHEIRO

Muita gente diz que o dinheiro move a roda da história. Quem pode afirmar que está errado? Boa parte da história do Brasil foi escrita pelo dinheiro. Ou pela falta dele. Na época da Independência, a moeda corrente, de uso diário, era o réis (plural de "real"), que não valia muito. Já a moeda usada em grandes transações bancárias era o cruzado. O Brasil estava em crise financeira não só porque administrava mal o seu dinheiro, mas também porque D. João VI havia levado para Portugal todos os recursos do Banco do Brasil. Após a Independência, a situação piorou porque, além de ter pago cerca de 18 milhões de cruzados, o Brasil precisou assumir a dívida de Portugal com a Inglaterra. Naquela época, não existia dinheiro em cédulas, mas depois que elas surgiram, o rosto de D. Pedro I estampou a nota de um conto de réis que circulou entre 1923 e 1926; a nota de 200 cruzeiros, entre 1943 e 1973, e a nota de 5 cruzeiros, entre 1970 e 1984.

Ver **Banco** e **Empréstimo**

DÍVIDA

É algo que você deve para alguém. Ao tornar-se independente, o Brasil achava que não devia nada para a Corte portuguesa – já que os portugueses tinham levado bastante ouro, diamante, pau-brasil e açúcar daqui. Acontece que os portugueses diziam que todas as construções e benesses do Brasil – cidades, igrejas e palácios; língua, religião e instituições – tinham sido trazidas por eles. E tudo isso tinha preço – e era mais alto do que ouro, diamante, pau-brasil e açúcar. Assim, as duas nações ficaram brigando por um bom tempo. O argumento dos brasileiros era que os Estados Unidos e a Holanda tinham se separado respectivamente da Inglaterra e da Espanha sem pagar absolutamente nada. A confusão foi até 1825, quando, para ter sua independência reconhecida pela metrópole, o Brasil aceitou assumir a dívida que Portugal havia contraído com a Inglaterra. Ou seja, o Brasil independente já nasceu como uma nação endividada.

DOM

Na frente de um nome, indica que a pessoa faz parte da nobreza. O feminino de dom é dona; tanto em um caso quanto em outro, é comum usar apenas o D com um ponto, como em D. Pedro e D. Leopoldina, por exemplo. Claro que ter o título de dom trazia consigo várias vantagens – mas não significa que todas aquelas pessoas tivessem algum dom no sentido realmente maiúsculo: um talento natural, uma qualidade inata, uma aptidão. Alguns personagens da literatura não eram nobres, mas tinham dom em seu nome, dentre eles os famosos Dom Casmurro e Dom Quixote de La Mancha.

DOM JOÃO

D. João VI, pai de D. Pedro I, assumiu como rei de Portugal em 1799, com 38 anos. Não restam dúvidas de que era bem feio: baixo, gordo, com a cabeça grande demais para o corpo, o lábio inferior grosso e caído, coxas e pernas muito grossas, mão e pés muito pequenos e, para completar, sem vários dentes. Não bastasse isso, comia demais e tomava banho de menos. Aliás, parece que ninguém jamais o viu tomar um banho de corpo inteiro durante toda a vida. Apesar de seus defeitos, D. João VI tinha lá suas qualidades. Depois de chegar ao Brasil, em 1808, fez muitas coisas: abriu os portos, remodelou o Rio de Janeiro, permitiu a instalação de indústrias, construiu o Jardim Botânico, o Teatro Municipal, a Biblioteca Real (que virou Biblioteca Nacional com a república) e a Tipografia Real, cuja primeira publicação foi *A riqueza das nações*, de Adam Smith. Quando voltou para Portugal, D. João deixou o filho mais velho como príncipe regente. Morreria quatro anos após a Independência e, suspeitam alguns alcoviteiros, teria sido envenenado por D. Carlota Joaquina. Isso, diga-se de passagem, pode ser apenas fofoca.

DOM PEDRO I

O nome Pedro tem origem no grego *pétros*, "pedra". D. Pedro I sabia mesmo ser duro e áspero como uma rocha. Muitos que o conheceram quando jovem disseram que era malcriado, briguento, namorador e festeiro. Cresceu livre no Rio de Janeiro, onde havia chegado aos nove anos. Tomava banho de mar, escalava montanhas, andava a cavalo, fazia trabalhos de carpintaria, tocava instrumentos musicais. Tinha pouco interesse por livros e pelos trabalhos relacionados à Corte portuguesa. Casou-se aos 19 anos com D. Leopoldina. Em 1821, enquanto seu pai ainda tinha pesadelos com a Revolução Francesa e a guilhotina, D. Pedro I assumiu um papel decisivo e enfrentou as sucessivas rebeliões que aconteceram no Brasil. Em 10 de março, quando seu pai morreu, virou D. Pedro IV, rei de Portugal. D. Pedro decidiu que não voltaria para o país natal e abdicou do trono, mostrando ser também um brasileiro apaixonado, cujo coração não era afinal tão duro.

DOM PEDRO II

Filho mais velho de D. Pedro I, depois da morte do primogênito. Quando seu pai deixou o Brasil, acabou aclamado imperador pelo povo, mesmo sendo menor de idade. Foi derrubado pela Proclamação da República.

DOM QUIXOTE

É o nome de um dos personagens mais famosos da literatura universal. O livro *Dom Quixote de La Mancha*, escrito pelo espanhol Miguel de Cervantes em 1605, fez sucesso no mundo inteiro, inclusive, é claro, em Portugal. Tanto que um dos quartos do palácio de Queluz, em Sintra, onde moravam os reis de Portugal, era todo decorado com pinturas baseadas em trechos da obra. D. Pedro não apenas nasceu nesse quarto; 36 anos depois foi também ali que morreu. Há quem goste, por isso, de dizer que ele foi um "príncipe quixotesco". Quixotesca é uma pessoa que tem intenções e ideais nobres, mas é uma sonhadora, um tanto distante da realidade.

DOMITILA

Domitila de Castro Canto e Melo, a Marquesa de Santos, grande paixão de D. Pedro. Sua vida foi uma verdadeira novela, com direito a trabalhar para a esposa do amante, ser esfaqueada pelo marido e tentar matar a irmã. Mas no fim, seu final foi feliz. Domitila terminou seus dias com dinheiro e prestígio, morando em uma bela casa em São Paulo.

Ver **Marquesa de Santos** e **Titila**

ECONOMIA

Todos os dias você vê na TV ou ouve as pessoas falando em economia. Em geral, dizendo que a economia não anda bem. A palavra "economia" deriva da junção dos termos gregos *oikos* (casa) e *nomos* (costume, lei), resultando em "regras ou administração da casa, do lar". Para um indivíduo, economia significa o controle que deve ser exercido para evitar desperdícios em qualquer serviço ou atividade. Para uma nação, economia é o conjunto de forças produtivas e financeiras que geram dinheiro, emprego e desenvolvimento. O poder público nunca foi muito eficiente e menos ainda cuidadoso com a economia nacional – antes, durante e depois da Independência. Na época de D. Pedro I, a economia do Brasil dependia basicamente do café, do açúcar e do tabaco – três produtos plantados e colhidos por braço escravo. Por isso, após se separar de Portugal, D. Pedro I sequer aventou a possibilidade de fazer o mesmo que haviam feito nossos vizinhos de língua espanhola: acabar primeiro com o tráfico de escravos, depois abolir de vez a escravidão.

EFEMÉRIDE

Palavra estranha e meio feia, que quer dizer, entre outras coisas, a data em que se comemora algo importante. É como se fosse o aniversário não de uma pessoa, mas de algum grande acontecimento. A Independência do Brasil foi um fato marcante na história do país, por isso tornou-se efeméride sempre presente no calendário e feriado nacional.

As efemérides ganham mais destaque nas datas redondas. Por isso o cinquentenário (1872), centenário (1922) e sesquicentenário (1972) da Independência renderam grandes celebrações. Em 1872, quem estava no poder era D. Pedro II, filho do homem que havia dado o Grito do Ipiranga, que aproveitou para fazer uma baita festa. Em 1922, o Brasil já era república, mas a festa foi ainda maior: o governo organizou a soberba Exposição Internacional do Centenário da Independência no Rio de Janeiro, tida como a maior exposição internacional já feita até hoje no Brasil e que foi visitada por cerca de três milhões de pessoas. Em 1972, a economia aparentemente não estava em crise; o país vivia o chamado milagre brasileiro. Mas era regime militar e as liberdades democráticas estavam sob a mordaça da repressão e da censura. Como sempre julgou que D. Pedro I fosse um militar – e de certo modo ele de fato era –, o Exército coordenou a realização de uma grande festa cívica. O ápice foi a Taça Independência, que ficou conhecida como Mini Copa, pois reuniu as seleções de futebol de 20 países e durou um mês. O Brasil foi campeão, vencendo justamente Portugal, com um gol aos 44 minutos do segundo tempo. Nem o Uruguai nem a Alemanha (que em 1950 e em 2014, respectivamente, ganharam a Copa em pleno Brasil) participaram do torneio.

[**Em 1972, no Sesquicentenário da Independência, que marcou os 150 anos da Proclamação, os restos mortais de D. Pedro I foram trazidos ao Brasil a bordo do navio *Funchal* e, após homenagens em todo o país, no dia 7 de setembro daquele ano foram colocados na cripta do Monumento do Ipiranga em São Paulo.**

ELITE
Minoria prestigiada constituída por aqueles que são considerados ou se consideram superiores. Este é um dos significados de "elite". Trata-se, portanto, de grupo privilegiado, em menor número, composto por aqueles que, por deter algum poder econômico e/ou domínio social, estão por cima, no alto, no topo da pirâmide social. A palavra vem do francês *élite*, substantivação do antigo particípio passado *eslit*, que por sua vez advém do verbo *élire*, que quer dizer "escolher", "eleger". Assim, os membros da elite são os escolhidos, os eleitos, mesmo que a maior parte das vezes não tenham recebido um voto sequer. Os artífices da Independência brasileira eram todos membros da elite.

Ver **Voto**

EMPRÉSTIMO
É quando você pega algo de alguém para devolver depois. Se o que você pegou é dinheiro, muitas vezes precisa devolver uma quantia maior; isso se chama juros. Mas não tem nada a ver com juramento. O Brasil pegou muito dinheiro emprestado da Inglaterra para pagar o que Portugal devia para... a Inglaterra. Depois pegou mais para pagar o que ele próprio passou a dever para... a Inglaterra. O primeiro empréstimo estrangeiro negociado pelo Brasil independente foi contraído em Londres, em julho de 1824, junto ao banco Rothschild, no valor astronômico de 3.686.200 de libras – uma quantia virtualmente impagável por causa do juro anual de 5%. Quem obteve o empréstimo foi Felisberto Caldeira Brandt. Por volta de 1826, o governo já havia gasto tudo e precisou recorrer à emissão de moedas de cobre com valor quatro vezes maior do que o verdadeiro, gerando assim uma coisa muito prejudicial ao país e aos seus habitantes: inflação.

Ver **Felisberto Caldeira Brandt**

45

EPILEPSIA

Doença que causa convulsões e perda de consciência em intervalos irregulares. D. Pedro sofria deste mal desde criança. Seus ataques epiléticos causavam susto e apreensão em todos que o cercavam. Em pouco tempo, o Brasil inteiro ficaria sabendo que o príncipe, depois imperador, padecia da enfermidade. Apesar da doença, D. Pedro nunca deixou de levar uma vida agitada e cheia de aventuras.

ESPADA

D. Pedro era um excelente espadachim, embora raras vezes tenha lutado com sua espada. Mas ela garantiria seu lugar na história no momento em que D. Pedro a ergueu aos céus e proferiu suas palavras mais célebres: "Independência ou morte!".

ESCRAVIDÃO

Depois de ter escravizado indígenas em todo seu território, o Brasil começou a importar escravos da África a partir de 1532. O tráfico negreiro iria perdurar por mais de 300 anos, tornando o Brasil o país que recebeu o maior número de escravos da história da humanidade: cinco milhões de cativos. Na época da Independência, o Brasil tinha 4,5 milhões de habitantes, e calcula-se que mais de um milhão deles fossem escravos. Quando os países vizinhos (Argentina, Uruguai, Paraguai) se separaram da Espanha, viraram repúblicas e aboliram a escravidão. O Brasil não só continuou sendo uma monarquia (com um rei português no trono) como sequer cogitou acabar com o escravismo. A abolição seria assinada em 13 de maio de 1888, e o império cairia um ano e meio depois, sinal evidente de que um de seus maiores sustentáculos era mesmo a escravidão.

ESTRADA

Não havia estradas no Brasil de 1822. Eram apenas trilhas. Mas isso não impede de dizer que D. Pedro vivia com o pé no estribo e na estrada. Ele viajou por vários locais do Brasil, como Minas Gerais e o distante Rio Grande do Sul. É claro que sua viagem mais famosa e importante foi a Jornada ou Itinerário da Independência, que começou em 14 de agosto, quando ele saiu do Rio de Janeiro em direção a São Paulo, e terminou com seu retorno à capital um mês depois.

Ver **Itinerário**

EXÉRCITO

O Dia da Independência parece combinar com o Exército porque é nesse dia que se vê os soldados desfilando pelas ruas em várias cidades do Brasil. "Exército" vem do latim *exercitus*, que por sua vez descende de *exercere*, que quer dizer "adestrar", "colocar para trabalhar", "pôr em prática". Na época da Independência, o Exército tinha sua base formada por homens negros, mulatos e brancos pobres, ao passo que os altos postos de comando eram ocupados por estrangeiros. Isso gerava muitas desconfianças do governo com relação à fidelidade das forças armadas, consideradas uma ameaça potencial, em especial depois da abdicação de D. Pedro I. Em consequência, o governo começou a realizar um enxugamento no Exército, diminuindo o efetivo de 30 mil para 10 mil homens. Foi por isso que a regência resolveu criar a Guarda Nacional.

Ver **Guarda Nacional**

F

FEIURA
Falta de beleza. Mesmo que o ditado diga que "quem ama o feio, bonito lhe parece", a verdade é que a Família Real era considerada muito feia por todos aqueles que a conheceram, em especial D. Carlota Joaquina, que era medonha. Havia uma única exceção: o príncipe D. Pedro I. Tanto é que, ao visitar a corte portuguesa em Lisboa, antes da invasão francesa, o embaixador Andochet Junot (que logo depois comandaria as tropas que tomaram Portugal em nome de Napoleão) anotou em seu diário: "Meu Deus! Como são todos feios. Não há um único rosto gracioso entre eles, exceto o do príncipe D. Pedro".

FAMÍLIA
Você sabe bem o que é família: um grupo de pessoas ligadas por parentesco: pai, mãe, filhos, avós, tios, primos, mesmo que nem sempre seja um parentesco sanguíneo. A partir de março de 1808, a Família Real portuguesa passou a viver no Brasil. O pai era D. João. A mãe era D. Carlota Joaquina. O filho mais velho era o príncipe D. Pedro. A avó, a rainha D. Maria, a Louca. Não era uma família muito unida. Ao contrário, eles brigavam muito.

Ver **Árvore genealógica**

48

FELISBERTO CALDEIRA BRANDT

Nasceu em berço esplêndido, no seio de uma das mais ilustres e ricas famílias brasileiras – e viria a ficar ainda mais rico. Senhor de engenho e grande plantador de cana, Felisberto Caldeira Brandt tornou-se general do Exército, fincou pé na Bahia e, em 1821, escapou por pouco de morrer em um motim. Era a favor, muito a favor, da escravidão, mas ao mesmo tempo defensor ferrenho da Independência. Estava na Inglaterra quando ficou sabendo do "Fico" de D. Pedro I e passou a trocar cartas com José Bonifácio. Mais do que isso: recrutou marinheiros e oficiais para defender o Brasil quando o país se tornasse independente, pagando a passagem deles do próprio bolso. Após a Proclamação da Independência, foi eleito deputado e virou um dos mais brilhantes membros da Constituinte de 1823. Tornou-se Visconde de Barbacena em 1824 e Marquês em 1826. Na Inglaterra, negociou empréstimos e fez de tudo para que a independência brasileira fosse reconhecida internacionalmente. Seu maior esforço foi tentar convencer os ingleses de que deveriam reconhecer a independência do Brasil sem que o país precisasse parar com o tráfico de escravos e depois abolir a escravidão. Caldeira Brandt achava que a mão de obra escrava fazia bem para a economia brasileira. Infelizmente, era o ponto de vista de muitos senhores do Brasil – os senhores de escravos.

FERIADO

Dia que todo mundo adora porque não tem aula nem trabalho (pelo menos não deveria ter). O 7 de Setembro tornou-se dia de festa em 1823, um ano depois da Proclamação da Independência. A sugestão foi da Assembleia Constituinte, e D. Pedro I gostou da ideia. A partir de então, o 7 de Setembro virou um feriado nacional em que são realizadas paradas militares – tradição bem comum em lugares de influência europeia e que indicam a ordem e a organização do país. Até 1980, os alunos das escolas públicas eram obrigados a participar dos desfiles (o que era bem chato porque você não poderia dormir até tarde num feriado). O 7 de Setembro também é chamado de Dia da Pátria.

FICO

"Se é para o bem de todos e felicidade geral da nação, estou pronto! Digam ao povo que fico." Com essa frase, D. Pedro I traçou o seu destino e o do Brasil. Embora só tenha proclamado a Independência no dia 7 de setembro, a verdade é que, em 5 de janeiro de 1822, quando decidiu ficar no Brasil, contrariando as ordens das Cortes Extraordinárias portuguesas, ele praticamente selou a separação do Brasil de Portugal. Naquele momento, D. Pedro traçou um caminho sem volta.

FILHOS

Como D. Pedro I era muito namorador, não se sabe o total exato de descendentes que deixou espalhados pelo mundo. Certo é que, com suas esposas oficiais, teve oito filhos, sendo sete com D. Leopoldina – incluindo a futura rainha de Portugal, D. Maria II e o futuro imperador do Brasil, D. Pedro II –, além de uma filha com D. Amélia. Com Domitila de Castro Canto e Melo, a Marquesa de Santos, foram cinco filhos. Com Maria Benedita de Castro, irmã de Domitila, mais um. De uma rápida relação com a francesa Henriette Josephine Clemence Saisset nasceu um menino. Em 1833, na cidade do Porto, em Portugal, namorou a monja Ana Augusta, que deu à luz mais um menino chamado Pedro. Ou seja, só aqui foram 16 rebentos.

FILME

O mais conhecido filme sobre a Independência do Brasil foi produzido para coincidir com a comemoração dos 150 anos da Proclamação e lançado em 1972. *Independência ou morte*, com direção de Carlos Coimbra, trazia Tarcísio Meira no papel de um heroico e galante D. Pedro I. Realizado em pleno governo militar, o filme de Coimbra evitou entrar na discussão de conflitos sociais ou questões ideológicas. Além do galã Tarcísio Meira, os atores Gracindo Jr., Marcos Pasquim, Reynaldo Gianecchini, Caio Castro e Bruno Mazzeo também já interpretaram D. Pedro em séries, novelas ou programas especiais, no cinema ou na TV. Até esse que vos escreve (eu mesmo) já proclamou a Independência na série *É muita história*, levada ao ar pelo programa *Fantástico*, da Rede Globo.

FLORENÇA

No dia 8 de abril de 1888, em Florença, na Itália, em uma solenidade repleta de autoridades, foi exposto pela primeira vez o quadro então chamado de *Brado do Ipiranga* (mais tarde ganharia o nome de *Independência ou morte*), até hoje o maior símbolo visual da Independência do Brasil. Além do imperador D. Pedro II e da imperatriz, estavam presentes seus filhos, o príncipe D. Pedro e a princesa D. Beatriz, a rainha da Inglaterra, a rainha da Sérvia, a imperatriz das Índias, o duque de Luxemburgo, mais as principais autoridades civis e militares e muitos convidados especiais. Foi em Florença que o quadro de Pedro Américo foi concebido e executado entre os anos de 1886 e 1888.

Ver **Quadro** e **Pedro Américo**

FOFOCA

Todo mundo sabe o que é: aquela coisa feia de ficar falando mal de alguém pelas costas. Acredite se quiser, rolava muita intriga e fuxico entre os membros da Família Real portuguesa no Brasil. Principalmente entre pai, mãe e filho. D. João VI, D. Carlota Joaquina e D. Pedro I viviam fazendo fofoca uns dos outros. No meio disso tudo, estava a pobre D. Leopoldina, que odiava as intrigas palacianas. Um dia a esposa de D. Pedro confessou ao barão Wenzel de Mareschal o quanto era sofrido viver em uma família em que "todo mundo intriga, todo mundo arma enredos". Para completar, D. Pedro I também desconfiava que sua irmã mais velha, D. Maria Teresa, filha predileta de D. João, fosse mensageira de intrigas. Que gente bisbilhoteira!

FÚLGIDO

Palavra que todo brasileiro já cantou um dia – "E o sol da liberdade, em raios fúlgidos, brilhou no céu da Pátria nesse instante" –, mas que nem todos sabem o que significa. Fúlgido quer dizer brilhante e dá a entender que, a partir do momento em que o Brasil passou a viver livre das amarras de Portugal, ficou mais cintilante. Apesar de fazer referência à Independência, a atual letra do Hino Nacional, com seus raios fúlgidos, foi escrita por Osório Duque Estrada em 1831, ano em que D. Pedro abdicou e voltou para Portugal. Justamente por isso foi chamado de Hino 7 de abril e de Marcha Triunfal antes de ser adotado oficialmente como Hino Nacional.

Ver **Abdicação** e **Hino**

G

GRANDE ORIENTE BRASÍLICO

Em 17 de junho de 1822, quando a reação brasileira às pretensões das Cortes portuguesas já estava no auge, foi criada a organização maçônica Grande Oriente Brasílico em oposição ao Grande Oriente Lusitano, que tinha lojas maçônicas instaladas no Brasil. Em 2 de agosto de 1822, D. Pedro foi iniciado em uma das lojas do Grande Oriente Brasílico, chamada Comércio e Artes, e adotou o codinome de Guatimozin. Os articuladores da Independência eram quase todos maçons e membros do Grande Oriente Brasílico; entre os principais, José Bonifácio de Andrada e Silva, Joaquim Gonçalves Ledo e José Clemente Pereira. Os três foram responsáveis por convencer D. Pedro a aderir de vez à causa da Independência, ainda que Bonifácio fosse rival dos dois últimos.

Ver **Maçonaria** e **Guatimozin**

GRITO

Pode ser muito mais do que um simples berro, por mais alto que seja. Também significa clamor, invocação. O grito de D. Pedro I proferido às margens do Ipiranga foi um marco na história do Brasil. O Barão de Pindamonhangaba, que lá estava, assim descreveu o momento em que ecoou o Grito da Independência:

Vinha o príncipe na frente. Vendo-o voltar-se para o nosso lado, saímos ao seu encontro. Diante da guarda, que descrevia um semicírculo, estacou o seu animal e, de espada desembainhada, bradou:

"Amigos! Estão, para sempre, quebrados os laços que nos ligavam ao governo português! E, quanto aos topes daquela nação, convido-os a fazer assim". E, arrancando do chapéu que ali trazia a fita azul e branca, a arrojou no chão, sendo nisto acompanhado por toda a guarda que, tirando dos braços o mesmo distintivo, lhe deu igual destino.

"E viva o Brasil livre e independente!", gritou D. Pedro. Ao que, desembainhando também nossas espadas, respondemos: "Viva o Brasil livre e independente! Viva D. Pedro, seu defensor perpétuo!" E bradou ainda o príncipe:

"Será nossa divisa de ora em diante: Independência ou morte!". Por nossa parte, e com o mais vivo entusiasmo, repetimos: "Independência ou morte!".

GUARATINGUETÁ

Palavra de origem tupi formada pela junção de *guará* (garça), *tinga* (branca) e *eta* (muito). Guaratinguetá foi uma das cidades do Vale do Paraíba pelas quais D. Pedro passou antes de chegar às margens do riacho Ipiranga. Ele partiu do Rio de Janeiro em 14 de agosto de 1822 e cinco dias depois chegou à Vila do Santo Antônio de Guaratinguetá e hospedou-se na casa de Manoel José de Mello, capitão-mor das ordenanças. Segundo consta, o jantar foi requintado e servido em baixela de ouro. O anfitrião também preparou para D. Pedro os melhores aposentos. Em Guaratinguetá, D. Pedro arregimentou novos seguidores que ajudariam a formar uma guarda de honra. Quando o príncipe passou pela vila, há muito as garças já haviam debandado de lá.

GUARDA DE HONRA

Tropa armada destacada para prestar homenagens a uma grande autoridade. No trajeto de D. Pedro do Rio de Janeiro para São Paulo através do Vale do Paraíba, sua guarda ficou cada vez maior, pois militares das cidades pelas quais o príncipe regente passava juntavam-se ao grupo. Em 21 de agosto, quando o séquito partiu de Guará, a guarda de honra de D. Pedro, liderada pelo coronel Domingos Marcondes de Andrade, impressionava pelo porte dos cavaleiros, pelas esporas de prata e pelos arreios cintilantes. Era uma guarda de honra digna de um príncipe que não tardaria a virar imperador. Mas a verdade é que aqueles homens eram exceção, já que a maior parte dos militares que acompanhavam D. Pedro usava um modesto traje militar chamado de pequeno uniforme.

GUARDA NACIONAL

Força militar organizada no Brasil durante o período regencial e que só seria desmobilizada quase um século depois, em setembro de 1922. A criação se deu por meio de lei assinada em 18 de agosto de 1831, que ao mesmo tempo extinguiu os corpos de milícias, guardas municipais e ordenanças. A Guarda Nacional surgiu no confuso contexto após a abdicação de D. Pedro I, em meio a diversos confrontos entre brasileiros e portugueses e ao temor de que os militares tomassem uma atitude restauradora – no sentido de restaurar o poder português no Brasil. A Guarda Nacional foi criada como uma espécie de exército alternativo, para defender o Brasil do próprio exército, formado majoritariamente por portugueses. Depois do advento da república, os grandes líderes e fazendeiros locais, em especial no Nordeste e no interior do Brasil, foram alçados pelo governo a coronéis da Guarda Nacional. Passaram a mandar em suas regiões, em geral a favor do governo central. Foi assim que surgiu o termo "coronelismo". Que não tem a ver com a história da Independência, mas que posso garantir que não é nada bom.

GUATIMOZIN

Codinome de D. Pedro I na maçonaria, baseado no nome do último imperador asteca, sucessor do derrotado Montezuma e que não foi empossado pelos espanhóis. D. Pedro assinava suas cartas maçônicas como "Pedro Guatimozin". O termo significa "ataque da águia" na língua nahuati e revela não só os anseios nativistas de D. Pedro como também sua rivalidade com a Espanha, que derrotou e destruiu os astecas.

GUILHOTINA

"Cortem as cabeças!", gritava a Rainha de Copas no livro *Alice no País das Maravilhas*. A Revolução Francesa realmente fez isso com os monarcas, usando a guilhotina. O aparelho é constituído de uma grande armação reta (com cerca de quatro metros de altura), na qual fica suspensa uma lâmina bem afiada e pesada (com cerca de 40 quilos). Quando a lâmina era solta lá de cima, a cabeça colocada abaixo dela era cortada e rolava para dentro de um cesto. Era uma morte rápida. Muita gente perdeu a cabeça dessa forma durante o chamado "período do terror" deflagrado após a Queda da Bastilha. Dizem que uma das principais causas da loucura da rainha D. Maria I foi o fato de acreditar piamente que, mais cedo ou mais tarde, haveria uma revolução similar à francesa em Portugal, ao fim da qual ela seria decapitada. Mesmo que nunca tenha perdido a cabeça na guilhotina, a avó de D. Pedro I acabou perdendo o juízo.

HÁBITO

Maneira como uma pessoa se comporta, suas manias e aquilo que ela faz repetidamente. Alguns hábitos viram *hobbies*. Quando jovem, D. Pedro tinha o hábito de fazer trabalhos manuais, embora fossem considerados coisa de escravo. Aos 16 anos, seu maior prazer era trabalhar na sua marcenaria e chegou a fazer sozinho todo um jogo de bilhar. Também tinha o hábito de tocar vários instrumentos musicais e compor melodias. O hábito que ele parecia mais gostar era de estar com os cavalos, que, além de montar, também banhava, arreava e ferrava com maestria. Havia outro hábito que D. Pedro nunca abandonou, nem mesmo depois de casado: namorar. O que ele jamais adquiriu foi o saudável hábito de ler e de estudar. Pior para ele – e pior também para o Brasil.

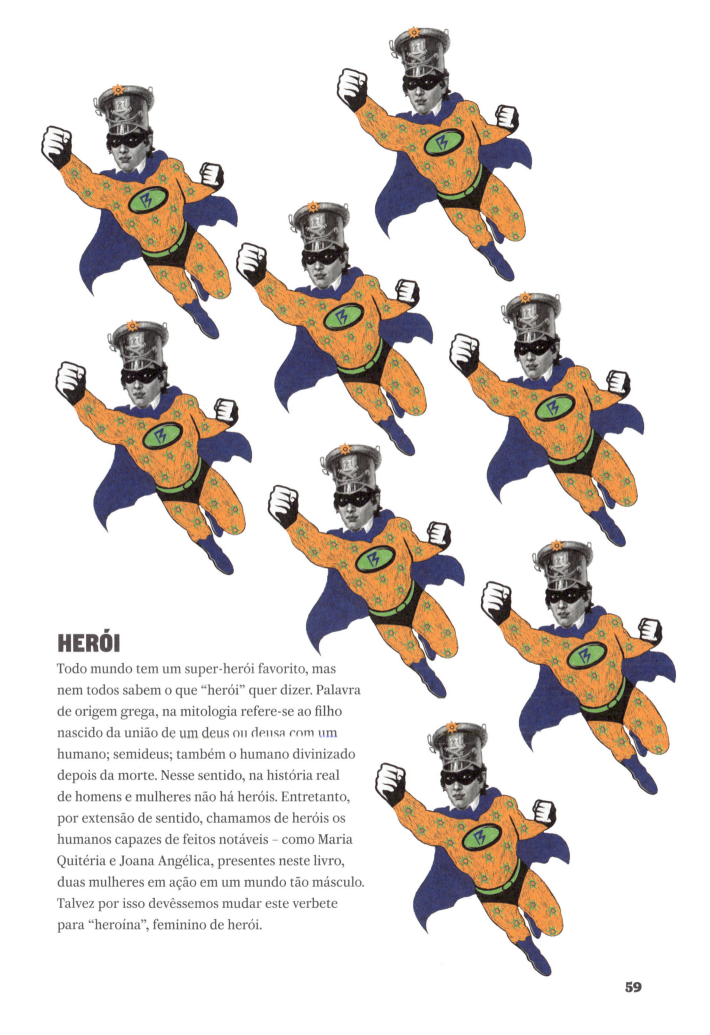

HERÓI

Todo mundo tem um super-herói favorito, mas nem todos sabem o que "herói" quer dizer. Palavra de origem grega, na mitologia refere-se ao filho nascido da união de um deus ou deusa com um humano; semideus; também o humano divinizado depois da morte. Nesse sentido, na história real de homens e mulheres não há heróis. Entretanto, por extensão de sentido, chamamos de heróis os humanos capazes de feitos notáveis – como Maria Quitéria e Joana Angélica, presentes neste livro, duas mulheres em ação em um mundo tão másculo. Talvez por isso devêssemos mudar este verbete para "heroína", feminino de herói.

HINO

Canção em homenagem, louvor, honra ou veneração a algo. Deve ser cantado com todo o respeito. Dizem que algumas horas depois do Grito do Ipiranga, na tarde de 7 de setembro de 1822, o próprio D. Pedro I, que era músico, teria composto a melodia do Hino Brasílico-Imperial, depois chamado de Hino da Independência. A letra foi escrita pelo poeta Evaristo da Veiga; como é muito longa, atualmente costuma-se cantar apenas uma parte. Mas aqui você pode ler a letra inteirinha.

Já podeis da pátria filhos
Ver contente a mãe gentil
Já raiou a liberdade
No horizonte do Brasil
Já raiou a liberdade
Já raiou a liberdade
No horizonte do Brasil

Brava gente brasileira
Longe vá, temor servil
Ou ficar a Pátria livre
Ou morrer pelo Brasil
Ou ficar a Pátria livre
Ou morrer pelo Brasil

Os grilhões que nos forjava
Da perfídia astuto ardil
Houve mão mais poderosa
Zombou deles o Brasil
Houve mão mais poderosa
Houve mão mais poderosa
Zombou deles o Brasil

O real herdeiro augusto
Conhecendo o engano vil,
Em despeito dos tiranos
Quis ficar no seu Brasil
Em despeito dos tiranos
Em despeito dos tiranos
Quis ficar no seu Brasil

Ressoavam sombras tristes
Da cruel guerra civil
Mas fugiram apressadas
Vendo o anjo do Brasil
Mas fugiram apressadas
Mas fugiram apressadas
Vendo o anjo do Brasil

Mal soou na serra ao longe
Nosso grito varonil
Nos imensos ombros logo
A cabeça ergue o Brasil
Nos imensos ombros logo
Nos imensos ombros logo
A cabeça ergue o Brasil

Filhos clama, caros filhos,
E depois de afrontas mil
Que a vingar a negra injúria
Vem chamar-vos o Brasil
Que a vingar a negra injúria
Que a vingar a negra injúria
Vem chamar-vos o Brasil

Não temais ímpias falanges
Que apresentam face hostil
Vossos peitos, vossos braços
São muralhas do Brasil
Vossos peitos, vossos braços
Vossos peitos, vossos braços
São muralhas do Brasil

Mostra Pedro a vossa fronte
Alma intrépida e viril
Tende nele o digno chefe
Deste Império do Brasil.
Tende nele o digno chefe
Tende nele o digno chefe
Deste Império do Brasil

Parabéns, ó brasileiros,
Já com garbo varonil
Do universo entre as nações
Resplandece a do Brasil
Do universo entre as nações
Do universo entre as nações
Resplandece a do Brasil

Parabéns, já somos livres
Já brilhante e senhoril
Vai juntar-se em nossos lares
A Assembleia do Brasil
Vai juntar-se em nossos lares
Vai juntar-se em nossos lares
A Assembleia do Brasil

HORA

Em que momento da tarde de 7 de setembro de 1822 D. Pedro gritou "Independência ou morte!"? Muitos historiadores, pesquisadores e até astrólogos tentaram descobrir a hora, os minutos e os segundos exatos em que o Brasil nasceu como uma nação. As conclusões mais votadas variam entre 15h45min48s, 16h14min22s e 16h30min, sendo esta última a mais provável (a partir do cálculo do tempo que D. Pedro teria levado na viagem Santos–São Paulo). Alguns ainda defendem que teria sido um pouco depois das 17h. O que importa mesmo é que já era hora de o Brasil deixar de ser colônia de Portugal.

IMPERADOR

Quem manda mais, o rei ou o imperador? A pergunta é meio difícil de responder, já que tanto um quanto o outro são líderes de regimes monárquicos. A questão é que normalmente o título de imperador é dado àquele com poder sobre vastas áreas territoriais, como os governantes romanos ou Napoleão, que coroou a si mesmo como imperador. Rei é o soberano de regiões bem delimitadas, no caso, um só país e suas eventuais colônias. Mas esses critérios nem sempre são válidos. Alguns consideram que o imperador, ao contrário de um rei, costuma ser aclamado também pelo povo e não apenas pela nobreza.

D. Pedro tornou-se imperador do Brasil após a Proclamação da Independência não apenas por ter sido aclamado pelo povo, mas também porque, caso se tornasse simplesmente rei, poderia significar que continuava herdeiro do trono português. O feminino de imperador é imperatriz; assim, D. Leopoldina tornou-se imperatriz do Brasil.

IMPÉRIO

Você com certeza já ouviu falar no Império Romano ou que determinado empresário criou um império, não é? Soa grandioso, certo? "Império" vem do latim *imperium*, "autoridade", "ordem", "comando". No caso do Brasil, que deixou de ser colônia e virou império, significa que, após a Proclamação da Independência, nosso país se tornou "um território vasto de uma nação só", pois é justamente isso que império quer dizer.

IMPRENSA RÉGIA

Única tipografia existente no Rio de Janeiro até 1821. Como o nome indica, pertencia à Família Real, que proibia a existência de qualquer outro órgão que produzisse material impresso. A Imprensa Régia era rígida: antes de ser publicado, tudo tinha que ser submetido à comissão formada por três pessoas para que nenhum material fosse contra a religião, o governo e os bons costumes. Por isso, os partidários da Independência do Brasil tinham que mandar imprimir seus jornais ou artigos na Europa. Depois da Independência, D. Pedro I, defensor da liberdade de imprensa, decretou o fim da censura prévia e permitiu o surgimento de vários jornais e publicações. O imperador acreditava nas palavras do jornalista José Hipólito da Costa: "A liberdade de pensar e publicar ideias por todos os meios conhecidos, principalmente da imprensa, é essencial para o crescimento, inclusive econômico, de qualquer nação". Palavras essas que, 200 anos depois, continuam valendo tanto quanto valiam no instante em que foram escritas.

Ver **Censura prévia** e **Correio Braziliense**

INDEPENDÊNCIA

Há pessoas, entidades e instituições (como países) que já nascem livres. Todos aqueles que um dia tiveram de lutar para obter ou precisaram declarar e proclamar sua independência, o fizeram apenas porque antes disso eram dependentes. "Dependência" significa submissão, subordinação – ou seja, algo (ou alguém) sujeita, domina, controla outra pessoa ou alguma coisa. "In" é um prefixo de negação; nesse caso particular, bastante positivo, pois não há quem não goste de ser independente, isto é, livre e soberano. A história do Brasil independente está espalhada ao longo destes 200 verbetes. Eles formam um painel e um quebra-cabeças, já que para vislumbrar o quadro geral é preciso juntar as peças. Se você quiser ir direto ao ponto, pode dizer que a Independência foi (mais) uma das ocasiões nas quais o Brasil mudou para continuar igual. Sim, porque o país ficou independente, mas não só se manteve uma monarquia (e não uma república, a exemplo de nossos vizinhos, as ex-colônias espanholas), como também permaneceu uma monarquia sob o comando de um soberano português. Além disso, a nação que surgiu após o Grito do Ipiranga preferiu (ao contrário dos vizinhos castelhanos) não abolir a escravidão. Ou seja, o país se anunciou como livre para o resto do mundo, só que aqui ainda viviam mais de meio milhão de escravos. Como quer que seja, uma coisa é certa: só é realmente livre o povo que conhece – e por isso constrói – a própria história.

ÍNDIO

O nome dado aos nativos do Novo Mundo foi fruto de um equívoco brutal: Cristóvão Colombo batizou-os de "índios", pois achou que tinha chegado… na Índia. Mais equivocado e ainda mais brutal foi o destino reservado a esses povos: foram caçados, escravizados, espoliados e quase extintos. No tempo da Independência praticamente não restavam indígenas – pelo menos não livres – nos arredores do Rio de Janeiro e de São Paulo. Nas regiões mais afastadas do Sudeste, a população nativa girava em torno de um milhão de indivíduos, em especial nas selvas do Norte. Três dos mais destacados líderes da Independência, José Bonifácio, Gonçalves Ledo e o arcebispo da Bahia D. Romualdo Seixas, redigiram projetos que visavam viabilizar a inserção pacífica dos nativos na nova nação que nascia. Tais projetos nunca saíram do papel. Infelizmente, ainda hoje, passados dois séculos da Independência, os povos indígenas seguem perseguidos no Brasil.

INFERIORIDADE, Complexo de

Quando o Brasil perdeu a Copa de 1950 em pleno Maracanã, derrotado pelo Uruguai quando precisava apenas de um empate para ser campeão do mundo, o cronista carioca Nelson Rodrigues escreveu que os brasileiros tinham "complexo de vira-lata". Ele definiu a "síndrome" como "a inferioridade em que o brasileiro se coloca, voluntariamente, em face do resto do mundo. Eis a verdade: não encontramos pretextos pessoais ou históricos para a autoestima". Pois 130 anos antes de Nelson Rodrigues escrever isso, o dito complexo não existia por aqui simplesmente porque, acredite se quiser, antes de se iniciar o movimento pró-Independência, a maior parte das pessoas que viviam no Brasil sequer se consideravam "brasileiras". O conceito de brasileiro e de Brasil como nação não existia. Quando surgiu, houve sensação oposta à de inferioridade: os que passaram a se sentir brasileiros julgavam-se superiores aos portugueses. O complexo de vira-lata, portanto, não nasceu com o Brasil independente. Nem foi fruto dele. Pelo contrário.

INSTRUMENTOS MUSICAIS

Clarineta, fagote, violoncelo, cravo e piano eram os instrumentos musicais preferidos de D. Pedro. Desde pequeno o príncipe amava música e teve aulas com o padre José Maurício Nunes Garcia, Marcos Portugal e com o professor austríaco Sigismund Neukomm. Além de tocar vários instrumentos, D. Pedro compôs diversas músicas, entre elas o Hino da Independência do Brasil, cuja melodia ele criou para ser tocada em piano-forte, que era como se chamava o piano antigamente.

Ver **Hino**

IPIRANGA

O riacho imortalizado ao se tornar palco do Grito do Ipiranga tem apenas três quilômetros de extensão e, antes de ser retificado, exibia um curso sinuoso. Em tupi, o nome significa "rio vermelho"; *Y* é o vocábulo para rio, *pirang* para vermelho. A designação era uma óbvia referência às águas barrentas do córrego, afluente do Tamanduateí, o "rio dos tamanduás". As águas do Y-pirang já não são vermelhas há tempo; devido à poluição, agora são cinzentas e viscosas. Já o Tamanduateí não possui mais nenhum tamanduá em suas margens.

IRMÃOS

D. Pedro I teve nove irmãos, seis mulheres e três homens. Como o primogênito, D. Antônio, morreu ainda criança, D. Pedro tornou-se o herdeiro do trono na linha sucessória. De todos os irmãos foi com D. Miguel, quatro anos mais novo, que D. Pedro teve a relação mais próxima e ao mesmo tempo mais turbulenta. Na infância, D. Pedro e D. Miguel comportavam-se como irmãos normais, brincavam e brigavam. Na adolescência se afastaram. D. Pedro era um excelente cavaleiro; D. Miguel era um exímio toureiro, alto, moreno e elegante. Foi por causa do irmão mais novo que D. Pedro retornou a Portugal, já que D. Miguel havia usurpado o trono depois da morte de D. João VI. Lá, os dois irmãos travaram uma guerra civil que duraria dois anos. Não restam dúvidas de que D. Miguel era uma pessoa má, muito má. Puxou à mãe.

ITAPARICA, Batalha de

A palavra "Itaparica" vem do tupi *ita* (pedra) e *pirika* (faiscante). No processo de independência, a ilha de Itaparica, no coração do Recôncavo baiano, despontou como grande baluarte na defesa do Brasil, já que a luta armada com Portugal prosseguiu na Bahia após o Grito do Ipiranga. A Batalha de Itaparica aconteceu em 7 de janeiro de 1823, quando os soldados liderados por Antônio de Souza e Lima bravamente defenderam a ilha do ataque dos portugueses comandados por João Félix Pereira de Campos. Sobre esse conflito, reza a lenda que uma moradora da ilha, Maria Felipa de Oliveira, reuniu um grupo de mulheres que queimaram inúmeras embarcações portuguesas, ajudando a vencer a batalha e tornando-se uma heroína negra da Independência.

Ver **Bahia** e **Maria Felipa**

ITINERÁRIO

Do latim *itinerarius*, "descrição de viagem", "caminho a seguir, ou seguido, para ir de um lugar a outro". A viagem de D. Pedro do Rio de Janeiro até São Paulo adquiriu importância tão decisiva na separação do Brasil de Portugal que até hoje a cavalgada é chamada de Itinerário da Independência. Vários locais por onde o então príncipe regente e sua comitiva passaram ainda existem, e há uma agência de turismo especializada em refazer o percurso, conduzindo os clientes em uma verdadeira jornada de libertação. Como foi dito no começo deste livro, a história não está presa dentro da sala de aula; ela está bem viva, ao ar livre. Visitar os lugares onde ela aconteceu é uma forma divertida e emocionante de aprendê-la.

JENIPAPO

Fruto do jenipapeiro, que os indígenas do Brasil ainda usam para tingir seus corpos; também deu nome ao riacho que corre pelas planícies de Campo Maior, no Piauí, e em cujas margens foi travada aquela que é tida como uma das mais sangrentas batalhas da Independência. A Batalha do Jenipapo eclodiu em 13 de março de 1823, seis meses após o Grito do Ipiranga. Um grupo de sertanejos piauienses – aos quais se juntaram maranhenses e cearenses – atacou as tropas portuguesas lideradas pelo major João José da Cunha Fidié, encarregado de manter o norte da colônia fiel à Coroa portuguesa mesmo depois da Proclamação da Independência. Como não tinham armas de fogo, os sertanejos pegaram foices, facões e machados e partiram para cima dos portugueses bem armados. Em poucas horas, cerca de 200 brasileiros foram massacrados. Mas a batalha não foi totalmente perdida, pois os sobreviventes bloquearam a estrada para a cidade de Oeiras, forçando o major Fidié a ir rumo ao Maranhão, onde foi cercado e preso. A data da Batalha do Jenipapo é tão significativa para os piauienses que até hoje tremula em sua bandeira.

JOANA ANGÉLICA

Ao impedir com o próprio corpo a entrada de soldados no convento da Lapa, em Salvador, a madre Joana Angélica teria gritado: "Detende-vos, bárbaros, aquelas portas caíram aos vaivéns de vossas alavancas, aos golpes de vossos machados, mas esta passagem está guardada pelo meu peito, e não passareis, senão por cima do cadáver de uma mulher". Em seguida a madre foi morta com um golpe certeiro no peito. Era 20 de fevereiro de 1823, e a Bahia ainda não havia reconhecido a Independência proclamada meses antes em São Paulo. A morte de Joana Angélica inflamou ainda mais o espírito de luta do povo baiano, e a madre virou um símbolo de resistência contra o autoritarismo português.

JOANINO

Nome tão bonitinho... Até parece o marido da joaninha. Obviamente não é nada disso. Chama-se joanino o período referente ao reinado de D. João. Embora só tenha se tornado D. João VI após a morte da mãe, D. Maria I, em 1816, ao chegar ao Brasil em 1808 o então príncipe regente já era o chefe de Estado. Assim, pode-se dizer que o período joanino no Brasil durou 13 anos quase redondos: de março de 1808 a abril de 1821, quando, a contragosto, D. João VI retornou a Portugal. D. Pedro assumiu o comando do Brasil como príncipe regente e se tornou D. Pedro I em outubro de 1822, logo após a Independência. Seu filho, D. Pedro II, assumiria o trono e nele ficaria até novembro de 1889. Os 67 anos com dois Pedros no poder não são chamados de "período pedregoso" – até porque o nome não soa tão bem quanto o suave "joanino".

JOÃO DE CASTRO CANTO E MELO

Pai de Domitila de Castro Canto e Melo, a Marquesa de Santos, era considerado "um velho soldado", militar de carreira, dedicado às armas e à disciplina. Ficou muito amigo de D. Pedro quando se conheceram em São Paulo, dias antes do Grito do Ipiranga, e mais ainda depois que o imperador e sua filha tornaram-se amantes. A morte de Canto e Melo precipitou a crise final entre D. Pedro e D. Leopoldina, pois o imperador ficou seis dias ao lado do leito de morte do amigo sem avisar a imperatriz e ao voltar para casa os dois tiveram a maior briga de todas. D. Leopoldina nunca se recuperou do confronto e morreu pouco tempo depois, alguns dizem que de desgosto.

JOAQUIM GONÇALVES LEDO

"Ledo engano" é uma expressão utilizada quando alguém comete um erro ou equívoco de boa-fé, sem a intenção de fazê-lo e sem consciência de tê-lo cometido. "Ledo" vem do latim e significa "risonho" ou "alegre", portanto, a expressão significa "engano alegre". Aqui o termo é sobrenome, e Joaquim Gonçalves Ledo não cometeu nenhum engano alegre (nem triste). Tido como um dos grandes articuladores da Independência, foi um dos maiores responsáveis pelo Dia do Fico e pela convocação da Assembleia Constituinte de 1823. Antes disso, em 15 de setembro de 1821, já havia fundado o jornal *Revérbero Constitucional Fluminense*, além de pregar a independência na loja maçônica que frequentava.

Ver **Revérbero** e **Maçonaria**

JORNAL

Durante três séculos, a imprensa esteve proibida no Brasil. Os primeiros jornais só começaram a circular depois da chegada da Família Real em 1808, mas todos subordinados à Imprensa Régia. Alguns conseguiram burlar a censura, e pouco antes da Independência havia jornais em circulação no Rio de Janeiro que defendiam a separação de Brasil e Portugal e que tiveram papel muito importante, como o *Malagueta*.

Ver **Censura prévia, Imprensa Régia** e **Malagueta**

JORNALISTA

Aquele que trabalha como redator, repórter, colunista ou diretor em órgão da imprensa. D. Pedro jamais trabalhou num jornal, mas poderia ser considerado jornalista, tamanho o número de artigos que escreveu para vários periódicos. Eram textos difamatórios, até mesmo violentos, nos quais ofendia seus opositores, algumas vezes usando palavras de baixo calão. Claro que D. Pedro não assinava com o próprio nome; usava pseudônimos, alguns bem engraçados, como O Duende, Inimigo dos Marotos e Piolho Viajante.

Ver **Pseudônimo**

JOSÉ BONIFÁCIO

José Bonifácio de Andrada e Silva foi o mais brilhante político da história do Brasil. Dizer que alguém é político soa quase como ofensa hoje em dia. A palavra virou uma espécie de palavrão, e não é difícil entender por quê. A questão é que, apesar de controverso, José Bonifácio era um gênio. Foi considerado o Patriarca da Independência, porque, além de ter sido mestre e tutor de D. Pedro, foi quem convenceu o príncipe de que o Brasil precisava se separar de Portugal. Não fosse ele, o rompimento poderia ter demorado mais. José Bonifácio nasceu em Santos (SP) em 13 de junho de 1763 e formou-se em Direito, Filosofia e Ciências Naturais na Universidade de Coimbra, em Portugal. Também estudou Química, Geologia e Mineralogia na Europa, dando nome para quatro espécies minerais que ele mesmo descobriu. Ao voltar para o Brasil em 1819, começou a se tornar o artífice da Independência. Era baixinho, curvado, grisalho e vaidoso, além de enérgico, um tanto maledicente e bastante mulherengo. Também era maçom, mas ateu, ou seja, não acreditava em Deus. Tinha ideias avançadas para a época e para o Brasil: era favorável à extinção gradual do tráfico de escravos e à abolição da escravatura, defendia um bom tratamento para os índios e julgava necessária uma reforma agrária, com a distribuição de mais terras para mais gente. Era também muito teimoso, cabeça-dura mesmo. Dizem que apoiava D. Pedro porque achava que poderia contar com seu apoio quando entrasse em conflito com seus adversários políticos – o que acontecia o tempo todo. Bonifácio e D. Pedro também tinham desavenças, a maior delas devido ao tratamento hostil que o velho mestre dispensava à Marquesa de Santos, amante do imperador. Foi isso que levou o soberano a se afastar do antigo professor. No final de 1823, Bonifácio foi mandado para o exílio na Europa por D. Pedro e só foi autorizado a retornar seis anos depois, quando os dois fizeram as pazes.

Ver **Tutor** e **Patriarca**

KÜNSBURG, Condessa de

Dama de companhia austríaca de D. Leopoldina no Brasil. Em suas cartas, a condessa revela muito sobre o relacionamento de D. Pedro com a primeira esposa. Conta, por exemplo, que em 1817 eles costumavam passear sozinhos e andavam a cavalo nos arredores do Rio de Janeiro. D. João VI não simpatizava nem um pouco com ela. Aliás, a Corte portuguesa implicava bastante com os acompanhantes austríacos de D. Leopoldina, só que a razão parecia estar mais com os austro-húngaros do que com os portugueses.

LAÇOS
Depois do célebre grito de "Independência ou morte!", D. Pedro ordenou à sua guarda "laços fora", tirando do chapéu e jogando ao chão o tope português. Ao mesmo tempo, todos os presentes arrancaram e alguns cortaram em pedaços os laços azuis que tinham no braço esquerdo. O príncipe então anunciou: "Doravante traremos todos outros laços de fita verde e amarela, e essas serão as cores do Brasil". Até hoje se usa a expressão "romper os laços" quando pessoas ou países rompem relações.

LEI
O que a sua mãe fala é lei, certo? Isso quer dizer que ela tem um código de conduta no qual acredita, com regras que devem ser seguidas. Leis são isso, as normas estabelecidas por uma autoridade soberana (no caso da monarquia – ou da sua mãe) ou por um poder legislativo (no caso da república), às quais todos devem se submeter para que haja ordem e justiça. No começo da civilização, as regras eram apenas orais, faladas, mas todos em uma tribo tinham que cumpri-las mesmo assim. Depois as leis começaram a ser escritas. O Código de Hamurábi, datado de cerca de 1772 a.C., é um dos mais antigos conjuntos de leis de que se tem conhecimento. Hamurábi foi um rei da Mesopotâmia (hoje Irã) e se pode dizer que ele foi o autor da primeira Constituição, conjunto das leis fundamentais de uma nação.

Ver **Constituição**

LEOPOLDINA

Seu nome era Carolina Josefa Leopoldina Francisca Fernanda de Habsburgo-Lorena, mas todos a chamavam simplesmente de Leopoldina. Nascida em pleno inverno austríaco, em 22 de janeiro de 1797, era uma jovem de olhos cor de violeta, cabelos louros cacheados e faces rosadas, bonita, extremamente educada e culta. Contudo, não foram os atributos físicos ou intelectuais que levaram D. Leopoldina a ser escolhida para casar-se com o príncipe D. Pedro e sim o fato de ser filha de Francisco I, imperador da Áustria. A aliança matrimonial era das mais vantajosas para a Corte portuguesa naquele momento. Apesar de ser um casamento de interesse, a arquiduquesa apaixonou-se pelo noivo à distância e aceitou de bom grado viver no Novo Mundo. Trouxe consigo seus muitos livros, seus instrumentos musicais, seu amor pela filosofia, seu interesse por geologia e mineralogia. No início foi feliz, vivendo em harmonia com o príncipe que ela mesma ajudou a coroar imperador. D. Leopoldina foi fundamental para a Independência, pois incentivou o marido a ficar no Brasil e assinou de próprio punho o decreto da Independência. Entretanto, o tempo passou, a relação se desgastou, e as infidelidades e sovinices de D. Pedro consumiram a imperatriz. D. Leopoldina morreu em 11 de dezembro de 1826, aos 29 anos, após sofrer um aborto e ter uma infecção generalizada. Dizem que sua morte precoce teria sido precipitada pelo desgosto. Mesmo assim, o primeiro casal imperial do Brasil hoje descansa lado a lado, pois os restos mortais de D. Pedro e D. Leopoldina jazem na cripta do Monumento à Independência do Brasil, no Ipiranga, em São Paulo.

LIBERDADE

Muita gente talvez não saiba explicar em palavras o que é liberdade, mas todo mundo sabe muito bem o que significa – especialmente quando a perde. Liberdade, liberdade, abre as asas sobre nós. Ela é o desejo do escravo, o sonho do prisioneiro e, claro, a vontade suprema de uma colônia em relação à metrópole que a coloniza. É sempre bom lembrar que, segundo outros dicionários, "independência é o estado de quem ou do que tem liberdade". Não por acaso, D. Pedro ficou conhecido como O Libertador, que é aquele que concede liberdade.

LÍNGUA GERAL

Durante mais de três séculos, o que se falava no Brasil era a língua geral ou nheengatu (também nhangatu, inhangatu ou língua brasílica). Dialeto derivado do tronco tupi-guarani, mesclado à língua geral paulista, era falado pelos bandeirantes e sertanistas de São Paulo e acabou extinto. Nheengatu significa "língua boa" ou "língua verdadeira" em tupi. O idioma virou uma espécie de língua franca desde o início do período colonial, sendo falado por brancos, índios, mestiços e até escravos negros. Segundo o historiador norte-americano Neill Macaulay, autor de uma biografia de D. Pedro I, "mesmo nos anos 1820 a maioria dos 'cristãos' do Brasil ainda não havia aprendido a língua portuguesa e se comunicava quase que exclusivamente por meio da língua geral".

LIVROS

Havia quase três milhões de pessoas no Brasil na época da Independência, mas praticamente não existiam livros. Durante os dois primeiros séculos de colonização portuguesa no Brasil, os livros chegaram a ser proibidos. Com a Família Real, veio também uma biblioteca particular, mas poucos tinham acesso a ela. Felizmente, vários dos artífices da Independência, em especial José Bonifácio e Joaquim Gonçalves Ledo, eram letrados e amavam os livros. Ainda assim, no que se refere ao povo, o Brasil independente seguiu sob a égide da ignorância e do analfabetismo.

Ver **Biblioteca**

LOUCURA

"De médico e de louco todo mundo tem um pouco", diz o ditado. Na Família Real portuguesa realmente havia casos de loucura. O mais célebre é o de D. Maria I, que possivelmente era esquizofrênica. D. Pedro I também foi chamado de louco. O Dr. Casanova, médico da família de D. Amélia, disse a José Bonifácio: "O imperador é louco; se me vierem dizer que ele anda a atirar pedradas pelas ruas, não me causará isso surpresa".

Ver **Maria I**

LUSITANOS

Algumas vezes, os termos "lusitano" ou "luso" aparecem nos livros – inclusive neste – para se referir aos portugueses. Não estranhe, essas palavras são quase sinônimos. Os lusitanos eram um antigo povo pré-romano que ocupava os vales e montanhas entre os rios Tejo e Douro, região que atualmente pertence a Portugal. Na mitologia, Luso foi o pastor filho do deus Baco, que povoou a parte mais ocidental da Ibéria. Camões, o maior poeta português de todos os tempos, se refere a Luso em vários versos do incrível poema épico *Os Lusíadas*. Dizem que os antigos lusos ou lusitanos descendem de uma tribo de celtas que se denominavam lusões e eram muito brigões.

LUNDU

Também lundum, lodum ou landum, música dançante de origem africana que chegou ao Brasil trazida pelos escravos angolanos. O lundu se dançava originalmente com braços pra cima, dedos estralando e umbigo roçando no umbigo do seu par. Por causa da umbigada muitos consideravam a dança indecente. D. Pedro I divertia-se muito ao som do lundu na Taberna da Corneta, lugar de reputação duvidosa frequentado por ele. Há quem diga que o lundu é o pai do samba, mas a paternidade nunca foi comprovada. O mais engraçado é que na língua dos bantos "lundu" quer dizer "mau humor".

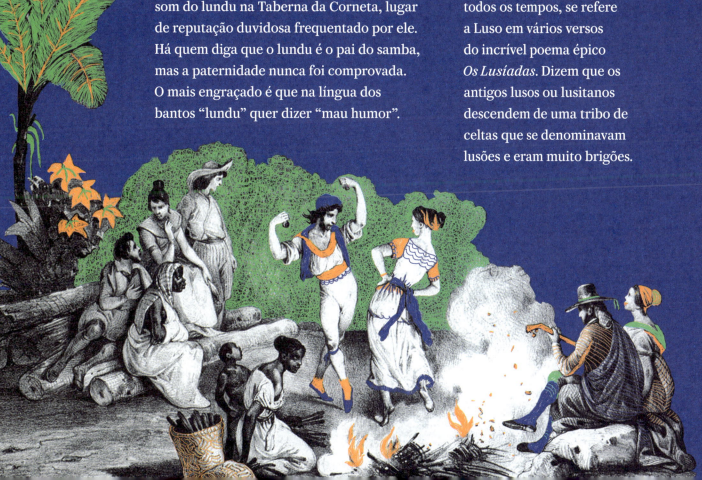

MÃE

"Mãe é mãe" e "mãe só tem uma" são ditados populares bastante comuns tanto no Brasil como em Portugal. Para o pobre príncipe D. Pedro, porém, nenhum dos dois teve validade prática. D. Carlota Joaquina praticamente não foi mãe de D. Pedro para além da função biológica. Menos mal que sua preceptora, D. Maria Genoveva do Rego e Matos, que o acompanhou desde a infância até os 15 anos, assumiu o papel da figura materna. D. Pedro amou D. Maria Genoveva como a uma mãe, embora eventualmente ela fosse alvo de seus acessos de raiva.

MAÇONARIA

Sociedade fechada cujos membros pregam a liberdade, a democracia, a igualdade, a fraternidade e o aperfeiçoamento intelectual. "Maçom" significa "pedreiro", e os maçons reúnem-se nas chamadas lojas maçônicas (ou oficinas) e utilizam vários símbolos. O esquadro, por exemplo, representa o caminho rumo à moralidade e ao civismo. O compasso, para eles, é o instrumento usado por Deus para desenhar seus planos. E o triângulo, que antigamente era visto sobre a porta das casas dos maçons, representa os três princípios da maçonaria: fé, esperança e caridade. D. Pedro foi iniciado na maçonaria aos 24 anos na Loja Comércio e Artes e adotou o nome de Guatimozin. Seu padrinho foi José Bonifácio, e a iniciação ocorreu em 2 de agosto de 1822. Joaquim Gonçalves Ledo também estava lá e, em reunião na loja maçônica no dia 20 de agosto, proferiu um discurso energético a favor da Independência. A cópia da ata desta reunião teria sido lida por D. Pedro às margens do Ipiranga no 7 de Setembro.

MALAGUETA

Um tipo de pimenta. Mas está aqui porque foi também o nome de um dos mais quentes e ardidos periódicos da época da Independência. Publicado a partir de 1821 no Rio de Janeiro e editado pelo jornalista Luís Augusto May, circulava uma vez por semana; a linha editorial era radicalmente nacionalista, pregando a separação imediata do Brasil e de Portugal. Após a Independência, May seguiu com as críticas apimentadas, já que D. Pedro, representante do governo colonial e filho do rei de Portugal, permaneceu no poder. Seus principais alvos eram o Parlamento e as atitudes de D. Pedro I e de José Bonifácio. Certa noite, o jornalista sofreu um atentado que quase o matou. O principal suspeito de ser o mandante foi o próprio Bonifácio.

MALDIÇÃO

Costuma aparecer nos filmes de terror. Só que está aqui porque também faz parte de relatos sobre a Família Real portuguesa. Reza a lenda que a maldição dos Bragança teve início com D. João IV no século 17, quando o rei teria agredido a pontapés um frade franciscano que lhe pedira esmolas. O frade, segundo a estória, rogou uma praga ao monarca: jamais um primogênito homem da família dos Bragança viveria o bastante para ser rei. Fato ou *fake*, parece praga mesmo, pois dali em diante todos os filhos homens mais velhos da dinastia morreram precocemente. Tanto que D. João VI, D. Pedro I e D. Pedro II só se tornaram herdeiros do trono porque seus irmãos mais velhos morreram. D. João VI e D. Carlota Joaquina tentaram reverter a maldição, fazendo visitas aos mosteiros franciscanos de Lisboa e do Rio de Janeiro, mas não adiantou. E, maldição ou não, o fato é que os primogênitos da dinastia de Bragança só pararam de morrer quando a família deixou de ser soberana tanto em Portugal quanto no Brasil.

MANIFESTO

Os chamados manifestos de agosto de 1822 tiveram grande importância no processo de Independência. O primeiro, datado de 1º de agosto, foi redigido por Gonçalves Ledo; de teor radicalmente antilusitano, deixava explícito o desejo pela ruptura total com a Coroa portuguesa. O segundo, de 6 de agosto, foi escrito por José Bonifácio, fazendo uma defesa menos inflamada da Independência. Ambos foram considerados declarações formais da Independência do Brasil, embora escritos mais de um mês antes do 7 de Setembro.

MARGENS PLÁCIDAS

D. Pedro proclamou a Independência às margens plácidas do Ipiranga, canta o Hino Nacional. O autor da letra, Osório Duque Estrada, quis dizer que as águas do riacho eram tranquilas, sossegadas e limpinhas. Mas quem vai até lá nos dias de hoje não precisa nem de cinco minutos para perceber que tranquilidade, sossego e limpeza já eram. O que se vê é movimento, barulho e poluição. O descaso é tanto que se pode dizer que as margens plácidas agora estão mais para margens plásticas, tal a quantidade de garrafas PET que boiam nas águas turvas e malcheirosas. Infelizmente, um quadro bem revelador do modelo desenvolvimentista brasileiro, que parece não estar nem aí para a preservação – nem da natureza, nem da história. Um dia isso vai ter que mudar, antes que seja tarde demais.

MARIA I, A LOUCA

A avó de D. Pedro I assumiu o trono de Portugal em 1777. Fanática religiosa, com sua fé cega espalhou uma onda de fervor e superstição pelo reino. Um dos primeiros sinais de insanidade de D. Maria I foi a obsessão com o sofrimento do pai que, no entendimento da rainha, teria ido para o inferno por permitir que o Marquês de Pombal perseguisse os jesuítas. Tinha visões do pai, ardendo como "um monte de carvão calcinado, negro e horrível sobre um pedestal de ferro fundido, que uma multidão de pavorosos fantasmas ameaçava derrubar". Para piorar, logo após a morte do marido, morreu também seu filho mais velho, D. José. Em seguida veio a Revolução Francesa, que deixou a rainha ainda mais delirante e temerosa: achava que iriam lhe cortar a cabeça, como fora feito com os reis da França. Alguns analistas modernos conjeturam que D. Maria sofresse de esquizofrenia. Fato é que nem os mais renomados médicos vindos da Inglaterra – com seus métodos "evacuantes" – conseguiram curar sua loucura. D. Maria foi declarada incurável, afastada do trono em 1792, e seu filho, D. João VI, declarado príncipe regente. Quando a Família Real teve que deixar Portugal rumo ao Brasil, fugindo das investidas de Napoleão, D. Maria teria gritado aos cocheiros que os levavam ao porto: "Não tão depressa ou vão pensar que estamos a fugir".

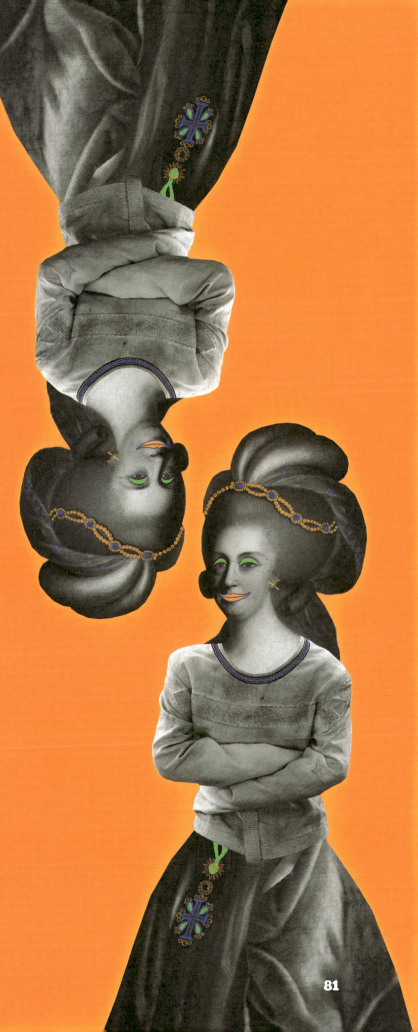

MARIA II

Embora muitos brasileiros saibam quem foi D. Maria I, a louca, mãe de D. João VI e avó de D. Pedro I, pouquíssimos conhecem D. Maria II, a educadora, primeira e única brasileira a reinar em Portugal. Nascida no Rio de Janeiro em abril de 1819, D. Maria da Glória foi a primogênita de D. Pedro I e D. Leopoldina e, dizem, a preferida do pai. Em 1826, aos sete anos, perdeu a mãe; em seguida foi mandada para Lisboa e proclamada rainha de Portugal, já que D. Pedro abdicara do trono para ficar no Brasil. Havia um acordo para que D. Maria da Glória casasse com seu tio, o cruel D. Miguel. Só que este simplesmente usurpou-lhe o trono com a ajuda da mãe, D. Carlota Joaquina. Eclodiu uma guerra civil, e D. Pedro I zarpou para Portugal a fim de lutar contra o irmão. D. Pedro venceu, D. Miguel perdeu, D. Maria II não precisou permanecer casada com o tio, até porque o casamento não fora consumado. Em 1835, após a morte de D. Pedro, ela casou-se novamente, mas o marido morreu dois meses depois. Veio o terceiro casamento, com o irmão de sua madrasta, D. Amélia, e D. Maria II então teve 11 filhos – dois dos quais seriam reis de Portugal. Irmã mais velha de D. Pedro II, que carinhosamente chamava de "mano" nas cartas, D. Maria II reinou em Portugal de maio de 1834 até 15 de novembro de 1853, quando morreu aos 34 anos, dando à luz o décimo primeiro filho.

MARIA FELIPA

Não há documentação que comprove a existência dessa marisqueira negra da ilha de Itaparica, mas sua história espalhou-se e sobreviveu como parte da tradição popular da região e em relatos orais. Hoje Maria Felipa de Oliveira faz parte do imaginário da guerra e simboliza a presença feminina na Independência. Reza a lenda que ela e outras marisqueiras teriam posto fogo em mais de 40 embarcações portuguesas, além de outras ações heroicas. Maria Felipa serviu de inspiração para vários livros; o primeiro e principal foi escrito por Ubaldo Osório Pimentel, avô do célebre escritor João Ubaldo Ribeiro. Em julho de 2018, Maria Felipa de Oliveira foi declarada Heroína da Pátria Brasileira e teve o nome inscrito no Livro dos Heróis e Heroínas da Pátria, situado no Panteão da Pátria e da Liberdade Tancredo Neves, em Brasília. Hoje ela é exaltada nos desfiles cívicos na Bahia, pois simboliza o papel do povo em geral e das mulheres em particular na guerra de libertação do Brasil. Sua história, real ou não, nos convida também a relembrar que, ao contrário do que aconteceu na América espanhola, o Brasil não aboliu a escravidão após separar-se de Portugal.

MARIA GRAHAM

A inglesa Maria nasceu com o sobrenome Dunas, mas virou Graham ao casar-se com o capitão Thomas Graham, da Marinha de Guerra britânica. Veio ao Brasil a bordo da fragata *Doris*, comandada pelo marido. Depois de conhecer membros da Corte portuguesa, aproximou-se de D. Leopoldina e, em 1823, após ficar viúva, tornou-se preceptora da princesa D. Maria da Glória por um curto período. De volta à Inglaterra, casou-se com Lorde Calcott e, em 1824, publicou o livro *Viagem ao Brasil*. Sobre a Independência, ela escreveu: "A obra de diminuir o papel dos brasileiros, de esquecer os combatentes, os soldados, os mortos, os feridos, o martírio de Joana Angélica, a esquadra e seus marinheiros, as misérias sofridas pelo povo, como na Bahia e no Maranhão, em seu esforço para tornar o Brasil independente e elevar D. Pedro I é um esforço impatriótico, que empobrece a nação, despojando-a de seu patrimônio cívico e espiritual".

MARIA QUITÉRIA

Heroína da Independência, Maria Quitéria de Jesus Medeiros nasceu em 27 de julho de 1792, na Bahia, e era bem avançada para o seu tempo. Em 1822, quando representantes do Conselho Interino da Província chegaram à fazenda do seu pai, recrutando jovens para lutarem pela Independência, ela quis se alistar, mas escutou que "mulheres fiam, tecem, bordam e não vão para a guerra". Rebelde, fugiu de casa, vestiu as roupas do cunhado, adotou o nome de soldado Medeiros e ingressou no Regimento de Artilharia. Seu disfarce foi descoberto pouco depois, mas mesmo assim ela não abandonou o Exército e, no dia 1º de abril de 1823, ao lado de outras mulheres, com água quase até o pescoço, avançou em direção a uma barca portuguesa e impediu o desembarque dos que não reconheciam a Independência. Recebeu de D. Pedro I a insígnia de cavaleiro da Imperial Ordem do Cruzeiro e agora seu nome batiza ruas, praças e avenidas.

MARINHA

Embora porções do Exército estivessem do lado de D. Pedro e fossem favoráveis à Independência, a Marinha era quase que inteiramente portuguesa e estava disposta a combater o movimento de separação do Brasil. Guarnições de praticamente todos os navios de guerra fundeados nos principais portos brasileiros – em especial na Bahia e no Maranhão – eram leais a Portugal. Foi por isso que D. Pedro I teve que recorrer a mercenários estrangeiros, dando preferência àqueles que dispunham de navios próprios.

MARQUESA DE SANTOS

Ninguém duvida que a maior paixão de D. Pedro I foi Domitila de Castro Canto e Melo, a quem deu o título de Marquesa de Santos e com quem teve cinco filhos. Descrita por um contemporâneo como uma "sensual luso-brasileira de seios e quadris volumosos", Domitila parece ter sido uma mulher notável. Ela e o príncipe se conheceram em São Paulo uma semana antes da Proclamação da Independência. Foi um romance tórrido, recheado de sensualidade e de cartas apaixonadas que ela assinava "Sua Titila" e ele, "Seu Demonão". D. Pedro levaria a Marquesa de Santos para morar em frente ao Palácio Real no Rio de Janeiro. O caso tornou-se público e virou escândalo nacional. D. Leopoldina morreu em seguida – de desgosto, segundo o povo. Forçado a se casar de novo, D. Pedro dispensou a amante em 1829. Mas não sem escândalo: ao descobrir que o imperador havia namorado também sua irmã, Maria Benedita, Domitila tentou matá-la. A marquesa voltou para São Paulo, casou-se de novo, dedicou-se à caridade e se tornou uma das figuras mais adoradas da cidade. Morreu aos 70 anos, e até hoje seu túmulo no Cemitério da Consolação recebe muitos visitantes.

MARQUÊS DE MARIALVA

Seu nome era Pedro de Menezes, mas todos o conheciam como Marquês de Marialva. Embaixador português, atuou como uma espécie de cupido de D. Pedro e D. Leopoldina, encarregado de ir a Viena arranjar o casamento real. Ao chegar lá, não poupou elogios ao pretendente da jovem dama austríaca: contou que D. Pedro era bem-educado, instruído e falava francês perfeitamente. Esperto, Marialva omitiu o fato de que D. Pedro aos 18 anos já era o maior galanteador do Rio de Janeiro e que seu temperamento era para lá de volúvel. Quando D. Leopoldina perguntou se seu tipo físico agradaria D. Pedro, o marquês garantiu que ele ficaria encantado. O Marquês de Marialva seria o verdadeiro pai de D. Miguel, como a própria D. Carlota Joaquina fazia questão de espalhar. Foi graças às boas ligações de Marialva em Paris que o Conde da Barca, principal ministro de D. João VI, conseguiu trazer um grupo de artistas franceses, entre eles o fabuloso Debret, para criar a Academia de Belas-Artes.

MERCENÁRIO

Do latim *mercenarius* (de *merce*, "comércio"), soldado que luta em troca de pagamento, sem ideais ou fidelidade a um Estado ou nação. Seguindo o antigo hábito da Coroa portuguesa no Brasil, logo após a Independência D. Pedro I recrutou mercenários estrangeiros para travar as guerras que iriam assegurar a soberania do novo país. Os mais importantes desses oficiais estrangeiros chegaram a bordo de navios próprios com tripulações próprias. Destacam-se o francês Pedro Labatut e os ingleses John Grenfel e John Taylor, além do mais notável de todos, o também inglês Lorde Cochrane.

Ver **Cochrane**

MIGUEL

Miguel Maria do Patrocínio João Carlos Francisco de Assis Xavier de Paula Pedro de Alcântara Antônio Rafael Gabriel Joaquim José Gonzaga Evaristo, mais conhecido como D. Miguel I. Irmão mais novo de D. Pedro I, era o filho preferido de D. Carlota Joaquina. Diziam as más línguas que D. Miguel não era filho legítimo de D. João VI. O povo até cantava na rua: "D. Miguel não é filho do rei D. João/ É filho do caseiro da Quinta do Ramalhão". A própria D. Carlota parece ter espalhado o boato de que D. Miguel era filho do belo Marquês de Marialva (e não de um pobre caseiro). Entre boatos e fuxicos, certeza mesmo é que D. Miguel era parecido com a mãe. Pelo menos no que se refere à maldade, já que um de seus passatempos preferidos era caçar colonos chineses, atirando neles como quem abate animais.

Ver **Irmãos**

MILÍCIAS

Palavra que andava esquecida, voltou à tona de um jeito bem ruim e assim mesmo, no plural. A gente está sempre ouvindo falar de milícias e milicianos em ação nas comunidades e favelas do Rio de Janeiro e São Paulo. A bem da verdade, as milícias já circulavam por lá há mais de 400 anos. Só que antes estavam a serviço da lei e da ordem. Chamadas inicialmente de tropas auxiliares, foram criadas por um regimento régio assinado em 7 de janeiro de 1645 no contexto da restauração do trono português, após o período de unificação com a Espanha. Tinham como atribuições a manutenção da posse territorial. Mais tarde, junto com as Ordenanças, as milícias tornaram-se corpos de tropa no Brasil. Em junho de 1808, logo após chegar ao Brasil, D. João criou o cargo de inspetor-geral de milícias, encarregado de inspecionar os regimentos de milícias da capitania do Rio de Janeiro. Com a Independência em 1822, D. Pedro I não alterou a administração das milícias, até porque elas haviam lutado a seu favor. Mas em 1831 elas foram extintas pelo mesmo decreto que criou a Guarda Nacional.

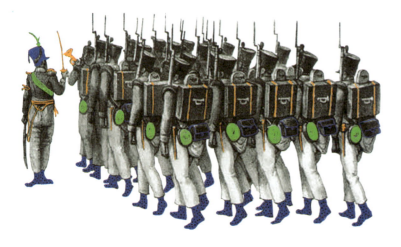

MINEIROS

A viagem que o então príncipe regente D. Pedro realizou para as Minas Gerais, onde havia rumores de uma rebelião separatista, teve grande influência na vida dele e no movimento que resultou na Independência do Brasil. Antes de partir, em março de 1822, ele ouviu um conselho bastante perturbador de José Bonifácio: "Não se fie Vossa Alteza Real em tudo o que lhe disserem os mineiros, pois, mais finos trapaceiros do universo, fazem do preto branco, mormente nas atuais circunstâncias em que pretendem mercês e cargos públicos". Felizmente o mau presságio não se cumpriu, simplesmente porque os mineiros aclamaram D. Pedro por onde ele passou. A consagração popular lhe deu a convicção de que poderia fazer do Brasil uma nação independente.

MONARQUIA

Forma de governo que tem reis, rainhas, príncipes e princesas. E, consequentemente, trono, manto, coroa, cetro e tudo o mais. É a mais antiga forma de governo ainda em vigor, apesar de atualmente todas as monarquias serem parlamentaristas – a mais famosa delas a Inglaterra. Na monarquia, o chefe do Estado é um rei ou rainha, às vezes imperador ou imperatriz. Evidentemente, não há eleições para a escolha do soberano, que governa de forma vitalícia (até morrer ou abdicar). A palavra "monarca" (do latim *monarcha* e do grego *monarkhía*) quer dizer "um só chefe" ou soberano único. O Brasil, mesmo com a Independência, seguiu sendo monarquia até 1889, quando a república foi então proclamada. Em 1993, um plebiscito foi realizado para que os brasileiros escolhessem se queriam continuar vivendo em um país republicano ou se preferiam a volta da monarquia. Venceu a república. Assim, só temos aqui o rei momo e a rainha da bateria, que reinam absolutos no Carnaval.

MONUMENTO

Coisa grandiosa, escultura ou obra de arte para perpetuar a memória de uma pessoa ou de um acontecimento histórico. O Monumento à Independência do Brasil, também chamado de Monumento do Ipiranga ou Altar da Pátria, é um conjunto de esculturas de granito e bronze que pertencem ao Parque da Independência em São Paulo. Idealizado e executado pelos italianos Ettore Ximenes e Manfredo Manfredi, está localizado no exato lugar em que D. Pedro teria erguido sua espada para tornar o Brasil independente. O Monumento do Ipiranga foi inaugurado em 1922 como parte das comemorações do centenário da Independência – mas só ficou pronto mesmo em 1926. Em sua cripta, construída em 1952, estão os restos mortais de D. Pedro I e suas duas esposas, D. Leopoldina e D. Amélia. O corpo de D. Pedro, sem o coração, foi levado para lá em 1972, quando se completaram os 150 anos da Proclamação da Independência.

MORTE

Fim da vida. A palavra vem do latim *mors*. Para muitas religiões, a morte é apenas um recomeço. No caso da Independência do Brasil, a palavra significou exatamente isso, pronunciada como um grito de salvação: "Independência ou morte!". Ninguém iria preferir a morte, não é?

MULA

Tadinha da mula, é tipo o burro, quase um xingamento. O preconceito tem explicação: como se trata de um híbrido do cruzamento de asno com cavalo (ou égua), a mula em geral é estéril, o que significa que não pode procriar. Além disso, não é um bicho muito fotogênico. Tanto é que D. Pedro não ia ficar muito bem na foto – ou melhor, no quadro (de Pedro Américo) – se aparecesse montado numa mula, como de fato estava. O futuro imperador ficou mais imponente no lombo de um cavalo. Mesmo não sendo tão bonitas, altas e garbosas como os cavalos, a verdade é que as mulas tiveram papel mais importante que o deles na construção do Brasil.

MULHERES

As mulheres foram decisivas no processo de separação de Brasil e Portugal. D. Leopoldina assinou o decreto de Independência. Maria Quitéria lutou vestida de homem. Madre Joana Angélica morreu defendendo seu convento dos portugueses. E Maria Felipa teria liderado um grupo de marisqueiras que lutou em Itaparica. Deve ser por essas e por outras que a palavra independência é feminina.

MUSEU DO IPIRANGA

A ideia de criar um palácio-monumento para celebrar a Independência do Brasil, construído no local onde D. Pedro havia gritado "Independência ou morte!", surgiu logo depois do acontecimento. Todavia, só começou a ganhar corpo em 1885, com D. Pedro II. Como costuma acontecer com as obras públicas no Brasil, o projeto foi marcado por dúvidas, dívidas, percalços e desvio de verbas. O objetivo inicial era inaugurar a obra em 1888, mas, com o atraso, veio a república, e os republicanos assumiram a conclusão do projeto, dando uma função científica ao monumento monárquico: decidiram que o Palácio do Ipiranga abrigaria um museu de história natural. Em 1963, o palácio foi integrado à USP e seu nome passou a ser Museu Paulista da Universidade de São Paulo. Mas todo mundo ainda o chama de Museu do Ipiranga.

MUSEU IMPERIAL

Fruto de mais uma paixão de D. Pedro. Em 1822, ao passar por Petrópolis, na serra fluminense, o príncipe regente encantou-se pelo clima ameno da região. Tentou comprar a Fazenda do Padre Correia, onde se hospedou naquela viagem, mas sua oferta foi recusada. Em 1830, enfim comprou a Fazenda do Córrego Seco, com o objetivo de transformá-la no Palácio Concórdia. Como acabou voltando para Portugal pouco tempo depois, a propriedade foi deixada de herança para D. Pedro II, que ali construiu sua residência favorita de verão. É esse prédio neoclássico que desde 16 de março de 1943 abriga o Museu Imperial. Seu acervo inclui móveis, documentos, obras de arte e objetos pessoais dos integrantes da Família Imperial brasileira.

MUSEU NACIONAL

De um dia para o outro, o Museu Nacional virou uma punhalada no peito de cada brasileiro. Tragicamente, em 2 de setembro de 2018, imensas labaredas invadiram a noite, saídas do Palácio de São Cristóvão, na Quinta da Boa Vista, onde ele está localizado. O Museu Nacional era um dos maiores de história natural e de antropologia das Américas e o quinto maior do mundo. Ficava exatamente no prédio onde D. Pedro I morou até retornar a Portugal. Ali nasceu e viveu seu filho, D. Pedro II, até o Brasil virar república e mandá-lo dali para o exílio. Foi o local onde se reuniu a primeira Assembleia Constituinte Republicana, de 1889 a 1891. Em 1892, passou a abrigar o museu. Nele havia mais de 20 milhões de itens, dentre os quais inúmeros objetos pessoais de D. Pedro I e D. Leopoldina, a maioria intimamente ligados à história da Independência. Então veio o incêndio e todas as preciosidades ali guardadas viraram fumaça. Dessa vez, das cinzas não renascerá a Fênix.

MÚSICA

Nas salas das casas ricas do Brasil colonial, havia sempre um piano esperando que alguém o tocasse, principalmente durante os saraus. E quanto mais pianos apareciam nas salas, mais professores de música surgiam. Em 1811, quando o maestro real português Marcos Portugal chegou ao Brasil, logo passou a dar aulas a D. Pedro, incentivando-o a criar composições. Que tipo de música era entoada nas casas? Enquanto a modinha era a preferida nos encontros a portas fechadas, o lundu, trazido da África pelos escravos, era o ritmo mais popular a céu aberto. Em 1819, o maestro austríaco Sigismund Neukomm – que também foi um dos professores de música de D. Pedro – compôs a belíssima obra *O amor brasileiro*, um "capricho para piano forte" tendo por base o lundu. Foi a primeira vez que este ritmo saiu das ruas e senzalas para vibrar pelos salões elegantes da colônia.

Ver **Lundu**

N

NAÇÃO

Para ser nação é preciso ter povo, território, idioma, cultura, religião e uma forma de governo. A língua oficial do Brasil foi herdada de Portugal, mas as tradições e os costumes do Brasil independente são resultado de uma mistura de raças, credos, cores, jingas e sotaques que acabam encantando todos os que aqui chegam. É assim há séculos, desde o tempo de D. Pedro I, quando o Brasil se tornou uma nação. Porque, para ser uma nação de verdade, não basta ter povo, território, idioma, cultura, religião e forma de governo. É preciso ser independente.

NATIVO

Aquele que nasceu em algum lugar em questão. Os brasileiros são nativos do Brasil. Os portugueses, de Portugal. Os indígenas eram nativos do Brasil antes de os portugueses chegarem e antes de os brasileiros nascerem. Os africanos eram nativos da África e viraram cativos do Brasil. Pode parecer complicado, mas é simples.

NAVIO

Tem navio negreiro, navio fantasma, navio pirata, navio de guerra, navio de carga. E antigamente só tinha navio para atravessar o oceano e colocar os pés em outro continente. Foi em um navio que a Família Real veio e partiu. Que D. Leopoldina embarcou para conhecer e casar-se com D. Pedro. Que as notícias partiram e chegaram da Europa. Que os escravos foram trazidos, muitos deles perdendo a vida dentro do próprio navio. Há ainda variações de navios: naus, fragatas, caravelas... O Brasil só foi oficialmente descoberto porque o navio de Cabral aportou na Bahia. Só foi colonizado porque os portugueses neles chegaram. E só tornou-se independente porque D. Pedro negou-se a entrar em um navio e voltar para Portugal. Embora, depois de forçado a abdicar, tenha sido justamente o que fez, deixando seus apoiadores a ver navios.

NOME

Todo mundo tem um nome próprio, às vezes dois. Mas já pensou se chamar Pedro de Alcântara Francisco Antônio João Carlos Xavier de Paula Miguel Rafael Joaquim José Gonzaga Pascoal Cipriano Serafim de Bragança e Bourbon? Os nomes da nobreza europeia daquela época pareciam não ter fim. Ainda bem que naquela época não existia carteira de identidade, pois se existisse como D. Pedro I colocaria seu nome completo nela?

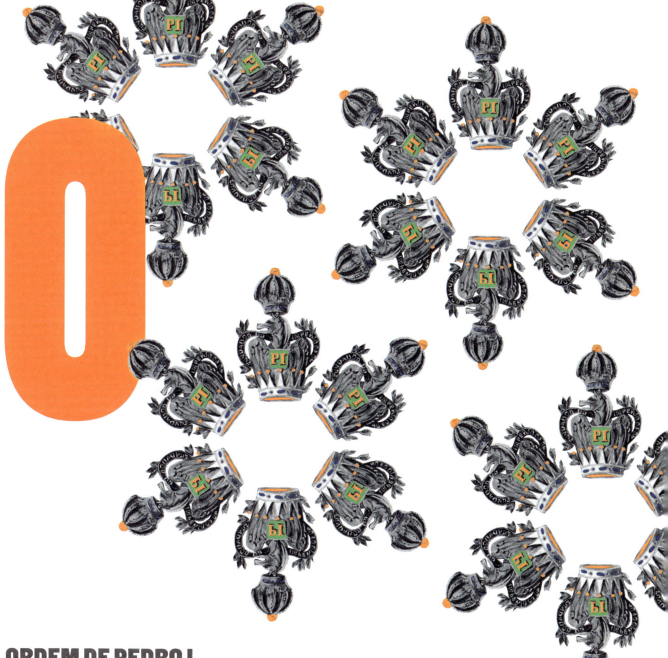

ORDEM DE PEDRO I

O A ordem mais conhecida provavelmente é aquela que toda mãe adoraria ver no quarto do filho. Mas ordem também se refere à instituição honorífica que nomeia cidadãos ou instituições para compensar-lhes os méritos. Em 16 de abril de 1826, por meio de um curto decreto, D. Pedro criou a Ordem de Pedro I para marcar o reconhecimento da Independência. A insígnia da ordem foi desenhada por Jean-Baptiste Debret e consistia em um dragão alado com um escudo verde onde se viam as letras P e I e a Coroa Imperial. Como a ordem só foi regularizada em 1842, nesse meio tempo caracterizou-se como um prêmio pessoal de D. Pedro I, que a concedeu a uma única pessoa, seu sogro Francisco I da Áustria – dizem que para se desculpar pelos maus-tratos a D. Leopoldina. Ainda que D. Pedro II tenha distribuído a Ordem de Pedro I a mais pessoas, ela entrou para a história como aquela que menos titulares teve. Com a Proclamação da República, a Ordem de Pedro I foi extinta.

P

PADRE BELCHIOR

O padre Belchior Pinheiro de Oliveira era um dos integrantes da comitiva que partiu com D. Pedro I do Rio de Janeiro rumo a São Paulo em 14 de agosto de 1822. Estava do lado do príncipe regente minutos antes do Grito do Ipiranga. Foi, portanto, o que se chama de testemunha ocular da história. O vigário nasceu em Diamantina, Minas Gerais, e durante mais de 40 anos exerceu o sacerdócio na região. Pouco tempo depois da Independência, escreveu um relato no qual dá a entender ter sido um dos principais conselheiros de D. Pedro às margens do Ipiranga. Eis um trecho da carta: "'E agora, padre Belchior?', perguntou-me o príncipe. E eu respondi prontamente: 'Se vossa alteza não se faz rei do Brasil, será deserdado pelas Cortes. Não há outro caminho senão a independência e a separação'". Alguns historiadores acham que o bom padre aumentou um pouco seu papel na trama. Pelo menos foi um dos únicos a deixar claro o que D. Pedro fazia minutos antes de receber as cartas de D. Leopoldina e José Bonifácio – estava "quebrando o corpo para atender mais um chamado da natureza".

PALÁCIO

Príncipes, princesas, reis e rainhas nascem, crescem, vivem e morrem onde? Ora, em palácios. Entretanto, não foram muitos os palácios na vida de D. Pedro. Os que mais se destacam são o de Queluz, em Sintra, Portugal, onde ele nasceu e morreu, e o da Quinta da Boa Vista, no Rio de Janeiro; não se pode chamar de palácio a Fazenda Santa Cruz, na Zona Oeste do Rio, onde ele passou boa parte da infância. A palavra "palácio" é originária de uma das sete colinas de Roma, a Palatino, onde foram erguidas mansões... palacianas.

Ver **Quinta da Boa Vista** e **Queluz**

PASQUIM

Apelido pejorativo que se dava – e ainda se dá – a pequenos jornais. Originalmente se referia a escritos afixados em lugar público com expressões injuriosas ao governo ou autoridades. Mais tarde, passou a designar panfletos difamatórios. Na época da Independência, Rio de Janeiro e São Paulo foram tomados por pasquins e panfletos difamatórios, tanto a favor como contra o governo. A guerra de palavras gerou atentados e até mortes, como a do jornalista italiano Libero Badaró, assassinado em São Paulo.

Ver **Jornal, Jornalista** e **Pseudônimo**

PATRIARCA

Pessoa mais velha que se respeita, obedece e venera e que tem grande família. José Bonifácio não tinha uma família tão grande assim, mas com certeza era o tipo de pessoa que se respeita, obedece e venera. Embora tivesse defeitos, era um homem brilhante e ilustrado. Além disso, patriarca também é aquele que se responsabiliza pelos outros. Bonifácio foi bastante responsável pelo Grito do Ipiranga em 7 de setembro de 1822. Por tudo isso e não por acaso, tornou-se o Patriarca da Independência.

PAU-BRASIL

Primeira riqueza natural que os portugueses encontraram no Brasil e virtualmente o único produto que exploraram aqui durante os 50 primeiros anos. Há quem diga que o nome do Brasil vem dessa árvore – mas a origem da palavra que batizou nosso país é bem mais complicada do que parece. Uma coisa é certa: o nome brasileiro provém diretamente daqueles que exploravam essa árvore. Sabe por que o pau-brasil também tem a ver com a Independência? Porque, quando o Brasil assumiu a dívida que Portugal tinha com a Inglaterra e não teve mais dinheiro para pagá-la, decidiu enviar uma grande partida de pau-brasil para Londres. Acontece que um jovem químico inglês chamado William Perkins tinha acabado de inventar um corante artificial que tornou a tinta obtida a partir do pau-brasil obsoleta, e todo o carregamento de madeira foi enviado de volta.

PEÇA DA COROAÇÃO

Não se trata de peça de teatro, nem de peça de alguma engrenagem. Também não dá para pregar uma peça com ela. A peça da coroação é uma moeda de ouro. Não apenas isso: é a moeda número 1 da Independência, a mais valiosa "peça" da numismática brasileira, um tesouro por si, uma pequena roda que vale grande fortuna. Ainda assim, não se pode dizer que seja a moedinha da sorte, pois seu valor é fruto de uma sequência de azares. Para comemorar a ascensão de D. Pedro I ao trono, a Casa Imperial decidiu cunhar uma moeda de ouro de 6.400 réis. Fabricada pela Casa da Moeda do Rio de Janeiro e assinada pelos gravadores Zeferino Ferrez (anverso) e Thomé da Silva Veiga (reverso), a moeda nunca chegou a circular, pois o homenageado a odiou. Como o prazo para a cunhagem fora muito curto, o imperador só viu a moeda na cerimônia de coroação – e quase teve um chilique. D. Pedro repudiou a peça, pois no anverso – aquilo que a gente chama de "cara" – ele foi retratado como um imperador romano, com o peito nu e uma coroa de louros na cabeça. D. Pedro julgou que aquela cara passava a ideia de que ele era um déspota, a imagem oposta do que desejava. Também houve problemas com a coroa – no sentido literal. D. Pedro aparecia com a chamada coroa real diamantina e não com a coroa imperial. Para completar a lambança, faltou gravar a palavra *CONSTITUCIONALIS* e seu complemento *ET PERPETUUS BRASILIAE DEFENSOR*. Menos mal que foram cunhadas apenas 64 unidades. Isso só porque, em 1821, ao partir de volta a Portugal, D João VI raspou os cofres das casas de cunhagem do Brasil e não sobrou dinheiro para produzir mais do que essa quantidade. Atualmente restam somente 16 exemplares originais em acervos de museus ou nas mãos de colecionadores ricaços. Quando uma das peças da coroação aparece no mercado é aquele alvoroço. Em janeiro de 2014, uma das raras moedas disponíveis foi leiloada por US$ 499.375 em Nova Iorque. Ou seja, quase meio milhão de dólares por uma moedinha.

PEDRA FUNDAMENTAL

Primeiro bloco de pedra colocado no lugar onde será erguida uma construção importante. Normalmente, a colocação dessa pedra é acompanhada de solenidade e placa comemorativa. O exato local onde D. Pedro proclamou a Independência foi redescoberto e demarcado por uma comissão da Câmara Municipal de São Paulo no dia 2 de setembro de 1825. Em 12 de outubro do mesmo ano foi colocada ali a pedra fundamental do monumento e do museu que seria construído. As obras não saíram do papel, a pedra foi arrancada do local e ficou perdida por três anos até ser recolocada no devido lugar em 10 de maio de 1875.

PEDRO AMÉRICO

Sabe aquela imagem famosa de D. Pedro I montado em um cavalo, com a espada em riste e dando o Grito do Ipiranga, que é, com certeza, o maior símbolo da Independência do Brasil? Foi Pedro Américo quem a pintou. Pedro Américo Figueiredo e Melo nasceu em 1843 e tinha apenas nove anos quando seu talento de desenhista foi descoberto pelo viajante francês Louis Brunet no vilarejo de Areias, na Paraíba. Em 1859, ele já estava em Paris (com bolsa concedida por D. Pedro II). Estudou filosofia e literatura na Sorbonne e doutorou-se em física em Bruxelas. Ficou famoso em Florença, onde apresentou as telas *A Batalha do Avaí* em 1877 e *O Grito do Ipiranga* em 1888. Pedro Américo tinha simpatias monarquistas, contudo, quando a República foi declarada, não teve vergonha de trocar rapidinho de lado. Assim, o pintor que eternizou D. Pedro I às margens do Ipiranga não apenas virou republicano como foi eleito deputado constituinte em 1889 no Rio de Janeiro.

PINDAMONHANGABA

Essa enorme palavra tupi quer dizer "lugar onde se faz anzóis". Nossa Senhora do Bom Sucesso de Pindamonhangaba foi uma das cidades do Vale do Paraíba pelas quais D. Pedro e sua comitiva passaram rumo a São Paulo durante o chamado Itinerário da Independência. A vila, enfeitada e festiva, recebeu o príncipe com vivas e palmas. As honras de anfitrião foram feitas pelo monsenhor Ignácio Marcondes de Oliveira Cabral, irmão do capitão-mor, que hospedou D. Pedro em seu sobrado. Conta-se que à noite o futuro imperador sentiu uma vontade enorme de dançar, mas não havia mulheres. Em outras ocasiões, no Rio de Janeiro, ele já participara de festas sem damas, onde oficiais dançavam com outros, mas achou melhor se conter na frente do monsenhor. Em 21 de agosto, um grupo liderado pelo coronel Domingos Marcondes de Andrade partiu de "Pinda" junto com D. Pedro, formando sua Guarda de Honra.

Ver **Guarda de Honra**

PLÁCIDO

O mesmo que manso. Mas de manso Plácido Antônio Pereira de Abreu não tinha nada. Seus serviços para a Família Real portuguesa começaram quando ele se tornou barbeiro de D. João, sendo que, naquela época, barbeiro era quase um médico. Em 1816, D. João foi coroado rei e Plácido virou chefe da Real Ucharia, a despensa do palácio. Lá roubou tanto que, em 1819, foi capaz de mandar recolher à Real Ucharia todos os frangos da cidade do Rio de Janeiro só para vendê-los no mercado paralelo por um preço mais alto. Um grupo de cidadãos até mandou uma carta ao rei reclamando, mas nada adiantou. Plácido também foi sócio de D. Pedro em um negócio particular de compra e venda de bois e cavalos, mas D. João não gostou e ameaçou o filho, que desfez a sociedade. Quando D. João VI voltou a Portugal, D. Pedro nomeou Plácido seu mordomo e tesoureiro da Casa Imperial, além de diretor das cozinhas e almoxarife das obras da corte. Imagine o quanto ele deve ter roubado.

PORTUGAL

Todo mundo sabe que se trata do país que descobriu, conquistou e colonizou o Brasil e do qual o Brasil se separou em 7 de setembro de 1822, há 200 anos, mas com o qual ainda mantém estreitos laços de cooperação e amizade. Até porque falando a mesma língua fica mais fácil de se entender. As piadas que os brasileiros fazem dos portugueses – e os portugueses dos brasileiros – são bem engraçadas, embora haja quem ache que não são politicamente corretas.

POVO

Os políticos sempre dizem que estão falando em nome do povo, mas o povo raramente toma parte nas decisões políticas – mesmo quando vive sob uma democracia representativa, já que, depois de eleitos, a maior parte dos políticos não cumpre com sua palavra. "Povo" vem do latim *populus* e significa habitante, morador de algum lugar. Uma coisa é certa: mesmo que tenha aprovado e apoiado a Independência do Brasil, o povo não tomou parte no processo político que resultou nela. Porém, quando estouraram as guerras da Independência, tomou em armas e saiu às ruas para defendê-la. Heroicamente.

PRIMOGÊNITO

Primeiro filho de um casal, o filho mais velho em relação aos irmãos consanguíneos. Na linha sucessória das Casas Reais, o nascimento do primogênito era um evento especial e muito aguardado, pois sinalizava a continuidade daquela linhagem ou dinastia. Dizem que uma maldição pairava sobre a Casa de Bragança, pois todos os primogênitos nascidos na família desde o século 17 morreram antes de assumir o trono. D. Pedro não era o primogênito de D. João e D. Carlota Joaquina.

Ver **Maldição**

PRÍNCIPE

Palavra muito encontrada em contos de fadas e que tem a mesma origem de "primogênito", o latim *primus*, "o primeiro". Príncipe, portanto, é o primeiro na linha sucessória do rei, do qual quase sempre é filho. Os demais filhos de um rei também são chamados de príncipes, mas o herdeiro presuntivo da coroa é sempre o mais velho, ou seja, o primogênito. D. Pedro foi príncipe, mas não primogênito; seu irmão mais velho, D. Francisco Antônio, nasceu em março de 1795 e morreu aos seis anos, em 1801. Só então D. Pedro, que tinha duas irmãs mais velhas, passou a ser o herdeiro do trono português. Em 22 de abril de 1821, depois que D. João retornou para Portugal, D. Pedro se tornou príncipe regente do Brasil. Pela ótica da monarquia portuguesa, a data oficial do fim desse título é 1825, com a consolidação da independência brasileira no Tratado do Rio de Janeiro, embora o príncipe tivesse sido aclamado imperador do Brasil três anos antes, no dia 12 de outubro de 1822.

PROCLAMAÇÃO

Declaração solene que se faz publicamente, anúncio formal, divulgação. Proclamação da Independência é o ato por meio do qual um país anuncia o fim de sua subordinação a outro. Apesar de todas as controvérsias legais envolvendo a data da "declaração" e do "decreto", não restam dúvidas de que a Proclamação da Independência do Brasil se deu por volta das 16 horas de 7 de setembro de 1822, quando nas margens do riacho Ipiranga D. Pedro I proferiu as inesquecíveis palavras "Independência ou morte!".

PROFESSOR

Todas as fontes são unânimes em afirmar que D. Pedro não foi bom aluno. O que não significa que não tenha tido bons professores. Inteligente, vivaz e esperto, o príncipe era bem inteligente; a questão é que nem o pai nem a mãe jamais o incentivavam a estudar. Pior do que isso, D. João não admitia que o filho fosse disciplinado por ninguém. Assim, D. Pedro podia fazer o que quisesse. Isso não é nada bom para a educação de ninguém, as pessoas precisam conhecer limites. Por sorte D. Pedro teve professores primorosos. O inglês John Rademaker foi um dos mestres preferidos do jovem príncipe, que deveria passar duas horas por dia concentrado nos estudos. Acontece que, quando se aborrecia com alguma aula ou achava que tinha algo melhor a fazer, o estudante real simplesmente dispensava o professor e fazia o que lhe dava na cabeça. Ainda assim, D. Pedro estava se dando cada vez melhor com Rademaker e indo bem nas aulas de inglês, francês, filosofia, literatura, matemática, lógica, história e economia política, além de latim (língua bem difícil, mas que D. Pedro lia com alguma facilidade). Só que então o professor inglês morreu repentinamente – dizem que envenenado por uma escrava. Depois da morte de Rademaker, o frei Antônio de Arrábida tornou-se o mestre do príncipe. Além dele, havia outros professores de matérias específicas: John Joyce era professor de inglês, o padre Boiret ensinava-lhe francês, e Domingos Siqueira ministrava aulas de desenho e pintura.

Ver **Antônio de Arrábida**

PSEUDÔNIMO

Palavra grega, *pseudōnymos* em tradução literal significa "nome falso", mas é mais adequado dizer que pseudônimo é um nome inventado, fictício, usado por um indivíduo, em geral artista, escritor, poeta e jornalista, como alternativa ao nome real. Ao exercer seu jornalismo combativo, repleto de injúrias, ofensas e acusações, D. Pedro adotou uma série de pseudônimos, dentre os quais os mais conhecidos foram Duende, Inimigo dos Marotos e Piolho Viajante. É muito provável que este último tenha sido inspirado em um livro de mesmo título, uma obra portuguesa publicada em 1802 que narra as aventuras e desventuras de um piolho que viaja por 72 diferentes cabeças, satirizando os costumes da sociedade lusitana. Com autoria atribuída a Antônio Manuel Policarpo e Silva, *O piolho viajante* se tornou um dos livros mais lidos no Brasil do século 19 e ganhou sucessivas reedições até meados de 1860. Ao escolher este e seus outros pseudônimos, D. Pedro mostrou que gostava de viajar pelos caminhos do bom humor.

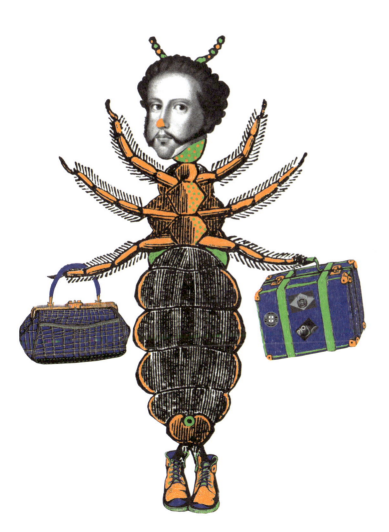

"Sou piolho, mas o meu espírito é verdadeiro. Não sou capaz de lisonjear e também incapaz sou de levantar testemunhos. Sou um verdadeiro e hábil retratista."
(Trecho de *O piolho viajante*)

105

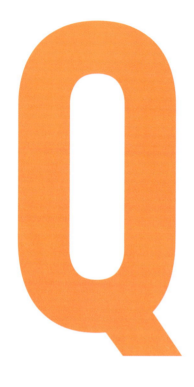

QUADRO

Independência ou morte é o título do quadro, ou tela, que representa o momento em que D. Pedro I, em 7 de setembro de 1822, com a espada levantada, proclama a Independência do Brasil. Foi pintado por Pedro Américo, artista brasileiro que nasceu em 1843. Ou seja, quando a Independência foi proclamada, Pedro Américo nem era nascido. Alguns dizem que o quadro foi encomendado por D. Pedro II em 1885; outros, que Pedro Américo se ofereceu para pintá-lo. Fato é que ficou combinado que a obra seria feita para ornamentar o Salão de Honra do Monumento do Ipiranga, palácio de feições renascentistas que estava sendo erguido para demarcar definitivamente o lugar em que fora proferido o Grito da Independência, na periferia de São Paulo. Pelo contrato

assinado, Pedro Américo se comprometeu a pintar um "quadro histórico comemorativo da Proclamação da Independência pelo príncipe regente D. Pedro nos campos do Ypiranga" com as dimensões de 8,4 metros de largura e 4,9 metros de altura. Cabia ao artista fornecer todo o material, incluindo a moldura, e entregar a obra no prazo máximo de três anos a contar da data de assinatura do contrato (14 de janeiro de 1886). O valor estipulado foi 30 contos de réis, e, ao assinar o contrato, Pedro Américo recebeu 6 contos para iniciar os estudos e a preparação da obra. Depois de ser exibido em Florença, onde foi pintado, o quadro foi enviado ao Brasil e entregue em 14 de julho de 1888. Contudo, só seria colocado no espaço a ele reservado entre 1894 e 1895, quando o Brasil já havia deixado de ser uma monarquia para virar república. Antes disso, o quadro permaneceu enrolado e encaixotado. *Independência ou morte* segue exposto com grande destaque no Museu do Ipiranga. Se você for a São Paulo ou se mora na cidade, não deixe de conhecê-lo. Mas não esqueça de antes confirmar se o museu enfim já reabriu suas portas.

QUEBRAR O CORPO

Ao contrário do que possa parecer, a expressão não significa que alguém vá quebrar os ossos de outra pessoa. Muito usada na época de D. Pedro, indicava que alguém se encontrava na posição típica de quem está com uma tremenda dor de barriga: com o abdômen dobrado em direção às coxas. Pouco antes de proclamar a Independência, o futuro imperador do Brasil estava, segundo testemunhas, "quebrando o corpo para atender a mais um chamado da natureza". Ou seja, estava fazendo cocô.

107

QUELUZ

Pode-se dizer que é um nome bem poético: Que luz! Pois é assim que se chama um palácio em estilo rococó que fica em Sintra, distrito de Lisboa, capital de Portugal: Queluz. Foi erguido no século 18 para ser uma casa de veraneio da Família Real portuguesa, e para lá mandaram a pobre D. Maria, a louca, quando ela… ficou louca, após a morte do marido. Em 1795, depois que um incêndio destruiu o Palácio da Ajuda, onde D. João morava, foi para o Palácio de Queluz que ele se mudou com a família. Ali nasceu D. Pedro I, em um quarto chamado Dom Quixote, por ter as paredes repletas de desenhos de aventuras do personagem de Cervantes. O pequeno príncipe Pedro passou a infância em Queluz até partir para o Brasil. Quando voltou a Portugal, foi neste mesmo palácio que D. Pedro morou e, no mesmo quarto em que abrira os olhos para o mundo, fechou-os para todo o sempre em 24 de setembro de 1834, aos 36 anos.

QUINTA DA BOA VISTA

Quinta, aqui, não se refere a um numeral, mas sim a um local, "uma grande propriedade rústica, cercada ou não de árvores, que possui terra para ser plantada e uma casa de habitação". Ou seja, quase um sinônimo de fazenda. Antigamente, a área onde agora se encontra a Quinta da Boa Vista, no Rio de Janeiro, pertencia aos jesuítas, mas assim que eles foram expulsos, em 1759, passou a pertencer a particulares. Quando a Família Real chegou ao Brasil, ali morava, em belo casarão sobre a colina, o português Elias Antônio Lopes, um dos maiores traficantes de escravos do Brasil. De lá, o homem tinha uma... boa vista da baía de Guanabara. Daí o nome ser como é. Assim que conheceu o lugar, D. João apaixonou-se e o cobiçou para si. Afinal, era bem longe das ruas fétidas do centro do Rio, onde ele estava instalado. Depois de um acordo com o ex-proprietário, a Quinta da Boa Vista passou a pertencer à Família Real. Não se sabe bem os termos do acordo – mas se sabe que, na prática, Elias Lopes simplesmente deu (ou, vá lá, doou) a propriedade para o príncipe regente. Sabe-se também que, ao contrário do que havia prometido aos ingleses, D. João não proibiu o tráfico de escravos entre a África e o Brasil. De todo modo, ele logo se mudou do fedido Paço Real para a florida Quinta, que rebatizou de Paço de São Cristóvão. A maior reforma no palácio começou na época do casamento de D. Pedro com D. Leopoldina, em 1817, e as obras seguiram até 1821. O encarregado do projeto foi o construtor inglês John Johnston. Atualmente, a antiga morada dos Bragança (que nela viveram até a República) é um complexo paisagístico de grande valor histórico. Antes, ali também estava o Palácio Leopoldina, demolido nos anos 1930 para dar lugar ao Jardim Zoológico do Rio de Janeiro. Nas dependências da Quinta da Boa Vista ficava ainda o Museu Nacional de Arqueologia e Antropologia. Mas a Quinta da Boa Vista também traz tristes e recentes recordações, já que, em 2 de setembro de 2018, cinco dias antes do aniversário de 196 anos da Proclamação da Independência, o maravilhoso Museu Nacional ardeu em chamas, consumindo consigo boa parte da memória e da história do Brasil. Somente a fachada e um meteorito sobreviveram. É de chorar.

R

REGENTE

Aquele que rege. O maestro de uma orquestra, por exemplo, é um regente. Mas aqui o que interessa são os que tocam outro tipo de coisa. No caso, uma nação. Regente também significa aquele que governa, em geral em nome de outra pessoa. D. João foi príncipe regente, pois, apesar de sua mãe ainda ser a rainha, era ele quem mandava (porque D. Maria estava louca). D. Pedro I, a mesma coisa: foi príncipe regente quando o pai, que seguiu sendo rei, retornou a Portugal. Quando D. Pedro partiu em viagem para São Paulo, deixou D. Leopoldina como princesa regente por pouco tempo, mas com muita vontade de resolver as coisas – tanto que ela assinou o Decreto da Independência. É mais ou menos a mesma coisa quando um presidente viaja e o vice fica no lugar dele. Embora, no Brasil, várias vezes o presidente suma de uma hora para outra, e, quando a gente vê, o vice já está instalado de vez no poder.

REI

Tem gente que tem um rei na barriga. Mas isso não transforma essas pessoas em monarcas. Para ser rei (ou rainha) é preciso ter herdado esse poder pelo sangue – a não ser que seja um usurpador, que é aquele que rouba o trono de um rei. D. João VI nunca quis ser rei, mas começou a virar um quando sua mãe foi diagnosticada como louca. Quando D. João VI morreu, o reinado de Portugal deveria ter passado para as mãos de D. Maria II, filha de D. Pedro I. Mas D. Miguel, um usurpador, já que ele não era o próximo da fila, resolveu pegar a coroa para si. Foi por isso que D. Pedro I voltou para Portugal. Depois de muito brigar com o irmão, ele conquistou o direito de sua filha governar. Afinal, quem é rainha nunca perde a majestade.

Ver **Maria II**

REVÉRBERO

Reverberação, reflexão, repetição, reflexo, resplendor. Todas essas palavras são sinônimos do incrível (e incomum) termo escolhido por Joaquim Gonçalves Ledo e Januário da Cunha Barbosa para batizarem seu combativo jornal. *O Revérbero Constitucional Fluminense* começou a circular quando a Corte portuguesa retornou à Europa e foi extinta a proibição de circulação de impressos que não fossem feitos e autorizados pela Imprensa Régia. O jornal circulou entre 15 de setembro de 1821 e 8 de outubro de 1822, primeiro com periodicidade quinzenal, passando depois a circular semanalmente. Foi uma publicação muito importante, pois defendia claramente um projeto nacionalista e clamava pela imediata separação do Brasil de Portugal.

REVOLUÇÃO AMERICANA

A independência dos Estados Unidos, também chamada de Revolução Americana, se deu em 1776, depois de uma ferrenha luta contra a Inglaterra. Não foi apenas o primeiro movimento separatista das Américas, foi também a primeira vez que o regime republicano voltou a ser uma forma de governo depois dos áureos tempos do Império Romano (com exceção dos casos de San Marino e da Suíça, de menor importância). O exemplo norte-americano espalhou-se pelo mundo e influenciou inúmeros movimentos de independência no Novo Mundo, inclusive no Brasil.

REVOLUÇÃO DO PORTO

Mais conhecida como Revolução Liberal do Porto, foi um movimento de cunho liberal que, sob inspiração da Revolução Francesa, eclodiu em agosto de 1820 na cidade do Porto, no norte de Portugal, e que teria sérias repercussões tanto na história de Portugal quanto na história do Brasil. O movimento forçou o retorno de D. João VI e da Corte portuguesa, que se encontravam no Brasil há mais de dez anos, e pôs fim no regime absolutista em Portugal com a ratificação e implementação da primeira Constituição portuguesa em 1822. O movimento que redundou na Independência do Brasil está diretamente vinculado à eclosão da Revolução do Porto.

RIACHO

Pequeno rio, daqueles em que é ótimo tomar banho. A área atualmente ocupada pela cidade de São Paulo é regada por inúmeros córregos, riachos e rios, dentre os quais se destacam os famosos Tietê e Pinheiros. Todos esses cursos d'água – que, aliás, foram o principal motivo pelo qual a cidade foi fundada onde se encontra – estão hoje miseravelmente poluídos, podres, quase mortos. Ou seja, é impossível banhar-se neles. Mas, quando se diz "riacho" em São Paulo, todo mundo sabe que se está falando do famoso riacho Ipiranga, em cujas margens se deu a Independência.

Ver **Ipiranga**

113

SANTA CRUZ

A Fazenda Real de Santa Cruz, ou Fazenda Imperial de Santa Cruz, ou Fazenda dos Jesuítas ou, por fim, Fazenda Nacional de Santa Cruz, era uma imensa fazenda nos arredores da cidade do Rio de Janeiro. Criada em 1556, pertencia aos jesuítas e, após a expulsão dessa ordem do Brasil e de Portugal (em 1759), tornou-se propriedade da Coroa. Depois que a Família Real chegou ao Rio, a fazenda virou seu local favorito de veraneio. D. João costumava passar vários meses ali, despachando e promovendo audiências públicas. Dizem que ele também preferia ficar lá para se manter longe da mulher, D. Carlota Joaquina. Em Santa Cruz, cresceram os príncipes D. Pedro e D. Miguel, soltos e sem a presença da mãe. O viajante inglês John Luccock, que conheceu a fazenda na época, julgou-a simples demais para servir de pousada a um monarca e relatou que a maior parte da propriedade estava em condição de abandono. Hoje em dia, sua sede está ocupada pelo Batalhão Escola de Engenharia e seus antigos domínios correspondem ao bairro carioca de Santa Cruz, cuja urbanização foi feita de forma caótica e desregrada. Pelo menos, ao contrário da Quinta da Boa Vista, o antigo Palácio Real de Santa Cruz ainda não ardeu em chamas.

SANTOS

Fundada em 1546 por Brás Cubas, a Vila (hoje cidade) de Santos é uma das mais antigas do Brasil. Por um triz a Independência não foi proclamada ali. Aliás, faria todo o sentido se tivesse sido, pois Santos é terra natal dos irmãos Andrada e Silva, dentre os quais o mais destacado foi José Bonifácio, o Patriarca da Independência. D. Pedro I estava em São Paulo para serenar os ânimos de uma facção rebelde. Decidiu visitar Santos não só por causa da família Andrada, mas também para vistoriar suas defesas, pois havia o temor de que os portugueses tentassem uma invasão por mar depois que o Brasil se separasse. O príncipe regente desceu a Serra do Mar a cavalo no dia 5 de setembro e chegou no Porto Geral de Cubatão no início da tarde. Dali pegou um barco para Santos, onde desembarcou por volta das 16 horas. Sua chegada foi digna de político em época de eleição, o povo o aclamou. Ele circulou pela vila, em lugares como a Travessa da Alfândega (atual Rua Frei Gaspar) e pela Rua Meridional (atual Praça da República), até chegar na antiga Igreja Matriz. No dia seguinte, 6 de setembro, uma sexta-feira, vistoriou a Fortaleza da Barra e o Forte Itapema. Aí resolveu aceitar o convite para um banquete oferecido pela família Andrada, embora José Bonifácio estivesse no Rio. Alguns pesquisadores acham que foi a comida servida na ocasião – ou o excesso dela – a responsável pela diarreia que, ao longo da manhã e da tarde de sábado, 7 de setembro de 1822, tanto afetou D. Pedro.

SETEMBRO

Nono mês do ano no calendário gregoriano, deve o nome à palavra latina *septem* (sete), já que originalmente era o sétimo mês do calendário romano, que começava em março. Para os brasileiros será para sempre, é claro, o mês da Independência. E o mais legal é que Sete e Setembro combinam muito, não é mesmo? Juntos, soam quase como um poema.

SÉQUITO

Grupo que acompanha uma pessoa importante para honrá-la ou servi-la. Em 14 de agosto, o séquito que partiu com D. Pedro I na viagem que culminaria na Proclamação da Independência era composto por sete homens: Luís de Saldanha da Gama, ministro e secretário de Estado, acompanhava o príncipe para expedir suas ordens e despachos; João de Castro Canto e Melo, pai de Domitila de Castro Canto e Melo, amigo pessoal de D. Pedro; Francisco Gomes da Silva, o Chalaça, amigo e secretário de D. Pedro; os cavaleiros João de Carvalho Raposo e João Carlota, o padre Belchior e o tenente-coronel Joaquim Aranha.

SOVINA

Pão-duro, avarento, mão fechada, mesquinho. Aquele que tem dinheiro mas não gosta de gastar, muito menos de dar aos outros. D. Pedro era um sovina de carteirinha. Ele nunca foi ao colégio, pois estudava em casa, com professores particulares; se fosse, com certeza jamais pagaria o lanche para um colega. Ele mesmo cuidava de sua contabilidade, colocando todos os números em incontáveis folhas de papel e fazendo contas e mais contas, sempre tentando economizar uns tostões. Certa vez, chamou a atenção de todos que estavam por perto a forma como negou um pedido de D. Amélia, sua segunda esposa: "Não, é impossível, não posso fazer nada, em geral nosso casamento só me tem custado muito dinheiro, e é tudo o quanto tenho dele até agora". Com D. Leopoldina, D. Pedro já tinha sido ainda mais pão-duro, o que só fez aumentar a depressão da imperatriz, pois o marido regulava rigidamente as despesas da casa e a privava da mesada que seus familiares austríacos mandavam. Nem Tio Patinhas seria capaz disso.

STATUS QUO

Locução latina que significa "o estado das coisas". Passou a ser usada para designar o estado atual de algo, ou a situação em que alguma coisa, em geral a política, se encontra. Do tipo "isso que aí está", como dizem os políticos em discursos vazios prometendo transformar... "isso que aí está". Quem é contra as mudanças costuma – ou costumava – dizer que é preciso manter o *status quo* ou defender o *status quo*. As autoridades e militares portugueses que estavam no Brasil não aceitaram a Independência e queriam manter o *status quo*. As Cortes de Lisboa queriam algo ainda pior: reverter o *status quo*, fazendo o Brasil, que já era um vice-reino, voltar a ser colônia. D. Pedro e sua turma mudaram o *status quo*...

TABERNA

Palavra que caiu em desuso, o mesmo que "bar" nos dias de hoje. O termo é de origem grega e significa "abrigo". O príncipe D. Pedro nunca foi um beberrão – na verdade, era bastante comedido no consumo de álcool –, mesmo assim adorava frequentar tabernas, nas quais ia incógnito, protegido por um chapelão e uma grande capa de tropeiro, em geral acompanhado de um segurança. As tabernas do Rio de Janeiro podiam ser bem perigosas e os "homens bons" evitavam frequentá-las, pelo menos abertamente. Foi na Taberna da Corneta, localizada na Rua das Violas (hoje Teófilo Ottoni, no centro do Rio), que D. Pedro, então com 18 anos, conheceu aquele que se tornaria seu melhor amigo, Francisco Gomes da Silva, por alcunha o Chalaça.

Ver **Chalaça**

TAUBATÉ

A Vila de Nossa Senhora das Chagas de Taubaté recebeu D. Pedro em 21 de agosto de 1822, quando o príncipe regente rumava a São Paulo ao longo do que se tornaria o Itinerário da Independência. Ele foi recebido com vivas, saudações, sinos, estandartes e bandeiras. Os taubateanos queriam mostrar que eram mais receptivos do que o pessoal da vizinha Vila de Piratininga, da qual eram antigos rivais. Assim, todos os fazendeiros deixaram suas roças e seus prados e enfeitaram suas casas, que foram abertas, muitas delas oferecendo pouso e marmeladas para membros da comitiva de D. Pedro. O príncipe, no entanto, cansado de tantos homens à sua volta, resolveu sair por Taubaté para espairecer e, conduzido por seu amigo Chalaça, acabou vivendo mais uma aventura amorosa dentre as tantas que fizeram parte da sua vida. Antes, no entanto, escreveu uma carta à esposa, D. Leopoldina.

TITILA

Assim a Marquesa de Santos assinava carinhosamente as cartas que enviava a D. Pedro, seu amante apaixonado. Dizem que foi ele quem começou a chamá-la dessa forma, e ela rapidamente assumiu o apelido. Titila, além de diminutivo de Domitila, tem origem em "titilar", verbo que quer dizer "lisonjear, ter palpitações, estremecer" ou ainda "fazer cócegas".

TRAFICANTES

Palavra presente em nossas vidas praticamente todos os dias. Afinal, os traficantes de drogas transformam o cotidiano das grandes cidades brasileiras num inferno quase permanente e estamos sempre ouvindo falar nos estragos que eles fazem e no medo que provocam. Na época de D. Pedro, porém, boa parte dos homens mais ricos do Brasil eram justamente os traficantes. Pior do que drogas, traficavam seres humanos. O Brasil foi o país que recebeu o maior número de escravos na história do mundo moderno e boa parte dos responsáveis por esse hediondo comércio moravam no Rio de Janeiro e conviviam com a Família Real. Um dos maiores, Elias Antônio Lopes, chegou mesmo a dar a Quinta da Boa Vista de presente a D. João na expectativa de que este não cumprisse o trato feito com os ingleses, de proibir o tráfico de escravos em troca da proteção que a Marinha britânica havia dado à esquadra do rei de Portugal. O pior é que nem D. João nem D. Pedro I cumpriram o combinado. O reconhecimento da Independência enfrentaria uma série de resistências na Europa, pois várias nações só queriam reconhecer a soberania do Brasil caso o jovem país abolisse a escravidão. O poder dos traficantes de escravos só diminuiria no Brasil quando, em 4 de setembro de 1850 – três dias antes do aniversário de 28 anos da Independência – foi assinada a Lei Eusébio Queiroz, mediante a qual foi proibida a entrada de escravos no Brasil. Ainda faltariam 38 anos para que o país se dignasse a abolir a escravidão.

TRATADO

O Tratado do Rio de Janeiro, também chamado Tratado Luso-Brasileiro ou Tratado de Paz, Amizade e Aliança, foi o acordo bilateral firmado em 29 de agosto de 1825 mediante o qual Portugal enfim reconheceu a independência do Brasil e pôs fim definitivo à Guerra da Independência. O tratado teve a mediação dos ingleses, que tinham todo o interesse na independência do Brasil – e não só nela, pois, conforme o acordo, o Brasil assumiu a responsabilidade de pagar a dívida externa que Lisboa havia contraído com os bancos de Londres.

TRAVESSA

Palavra meio atravessada que pode significar várias coisas, dependendo do contexto. O sentido mais comum define uma rua estreita, secundária e geralmente transversal a duas outras principais. O antigo centro do Rio de Janeiro era repleto de ruelas, becos e travessas. Foi numa delas, de nome deliciosamente sugestivo, a Travessa das Violas, que D. Pedro conheceu seu amigo Chalaça.

TROPAS

No português do Brasil, essa palavra tem dois significados. O primeiro, mais habitual, se refere aos grupos militares que, desde os tempos da colônia e do vice-reinado eram formados basicamente por homens negros, mestiços e brancos pobres, na maioria dos casos, sem qualificação profissional, socialmente desprezados. O outro faz referência aos conjuntos de mulas que durante mais de dois séculos foram o principal meio de transporte e comunicação no Brasil, em especial nas regiões Sul e Sudeste. Algumas dessas tropas eram enormes, mas em geral todas se dividiam em lotes de sete animais, cada um aos cuidados de um tropeiro, que os controlava com gritos e assobios. Cada mula carregava cerca de 120 quilos e chegava a percorrer distâncias superiores a dois mil quilômetros ao longo de marchas que perduravam por vários e extenuantes meses. Há quem ache que o Brasil deve mais às tropas de muares do que às tropas do Exército.

TROPEIROS

Comerciantes que conduziam as tropas de mulas pelo interior do Brasil. Boa parte do território brasileiro, em especial de São Paulo para o Sul, e ainda na região das Minas Gerais, foi incorporado à nação graças à ação intrépida desses homens – embora, é claro, eles agissem movidos pelos próprios interesses. Quando fez a viagem para Minas Gerais em março-abril de 1822 e, depois, ao fazer o Itinerário da Independência, D. Pedro marchou pelas mesmas trilhas e utilizou os mesmos métodos empregados pelos tropeiros. Até a comida do príncipe regente era a mesma: feijão tropeiro. Além disso, desde jovem, quando saía para suas incursões noturnas pelas tabernas do Rio de Janeiro, D. Pedro usava a capa e o mesmo tipo de chapéu que os tropeiros.

Ver **Taberna** e **Viagem**

TUBERCULOSE

Doença infecciosa causada pela bactéria *Mycobacterium tuberculosis*; matou muita gente antes da descoberta de um antibiótico poderoso que pudesse combatê-la. A tuberculose consumiu D. Pedro I; quando ele morreu, em 24 de setembro de 1834, a autópsia revelou que "raro era o órgão indispensável à vida que não apresentasse lesões. O coração e o fígado hipertrofiados. O pulmão esquerdo denegrido, friável, sem aparência vesicular quase todo, apenas numa pequena porção da parte superior era permeável ao ar. Os rins, onde fora encontrado um cálculo, inconsistente, esbranquiçados. O baço amolecido, a desfazer-se todo". Pobre D. Pedro, tão acabado aos 36 anos.

TUTOR

Aquele que cuida, resguarda e, muitas vezes, fica no lugar do pai. José Bonifácio foi uma espécie de tutor oficial do império. Porque além de ter sido tutor de D. Pedro I, ele também é considerado o Patriarca da Independência. No final de 1823, os dois romperam, e Bonifácio foi para a França. Ao voltar para o Brasil, fez as pazes com o imperador e, quando este teve que retornar a Portugal, tornou-se tutor de seus filhos, entre eles D. Pedro II.

Ver **José Bonifácio** e **Patriarca**

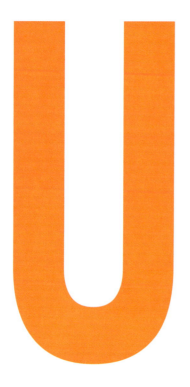

UCHARIA

Despensa, lugar onde são guardados os mantimentos. A Real Ucharia era, portanto, o local do Palácio Real em que ficavam armazenados os alimentos que abasteciam a mesa de D. João – e ele era um tremendo comilão. A partir de 1816, a Real Ucharia teve como chefe Plácido Antônio Pereira de Abreu, ex-barbeiro de D. João. Foi quando teve início uma verdadeira roubalheira gastronômica. O ex-barbeiro criou uma espécie de caixa 2: encomendava uma quantidade muito maior do que a necessária de certos alimentos e vendia o que sobrava por fora, por altos preços. Quando D. João voltou a Portugal, D. Pedro desativou a Real Ucharia. Só que, em vez de dispensar Plácido como fizera com a despensa, o príncipe deu um cargo ainda mais importante a ele. Que vergonha, D. Pedro!

Ver **Plácido**

UNIDADE NACIONAL

Não é uma palavra composta, é um conceito político. No caso do Brasil, um conceito que se firmou à custa de sangue, ferro e fogo. Quando as colônias espanholas da América se separaram da Espanha a partir do início do século 19, fragmentaram-se em uma série de repúblicas. Havia grande temor de que isso acontecesse no Brasil, antes, durante e depois do processo de independência. De fato, várias revoltas separatistas já haviam eclodido na colônia, como a Inconfidência Mineira (de 1789), em tese liderada por Tiradentes, e a incrível Revolução Pernambucana de 1817, duramente reprimida por D. João. A possibilidade de a chamada América Portuguesa se dividir sempre foi, portanto, muito grande. Os historiadores são praticamente unânimes em reconhecer que, se a Família Real não tivesse se transferido para o Brasil e se o trono brasileiro não tivesse ficado nas mãos de D. Pedro I após a Independência, o Brasil fatalmente teria rachado, dando origem a vários países menores. Ainda hoje tem gente que acha que isso teria sido melhor. Não sei qual sua opinião, mas uma coisa é certa: se isso tivesse acontecido, o Brasil não seria pentacampeão mundial de futebol, porque não conseguiria formar seleções tão boas quanto as que já conquistaram cinco vezes a Copa do Mundo.

UNIFORME

Nos uniformes militares, era grande a influência europeia, como o uso do *schako*, espécie de boné alto, de pelo, usado pela guarda imperial de Napoleão. No momento da Proclamação, como estava em viagem, D. Pedro trajava o que então era chamado de "pequeno uniforme": farda azul, botas de verniz justas e altas e chapéu armado com o tope azul e branco.

UNIVERSIDADE

Palavra linda que, como a maioria das que usamos, vem do latim; derivada de *universitas*, "universalidade, o todo, o conjunto das coisas". Ou seja, uma palavra que remete ao próprio Universo. Universidade é uma "instituição de ensino e pesquisa constituída por um conjunto de faculdades e escolas destinadas a promover a formação profissional e científica de pessoal de nível superior", onde todo o estudante quer entrar. Durante mais de 400 anos, o Brasil não teve universidades – a primeira, a Universidade do Brasil, só foi criada em 1915. De início, nos tempos do Brasil Colônia, a educação era muito restritiva, quase proibida por Portugal. Com a chegada da Família Real, D. João criou uma escola de medicina, mas o projeto para a formação de uma universidade foi sempre abortado. Nas vizinhas colônias espanholas foi diferente; o Peru, por exemplo, ganhou sua universidade em 1551. Como aqui não havia ensino superior, a elite brasileira enviava seus filhos para estudar na prestigiada Universidade de Coimbra, fundada em 1290, em Portugal. O tiro acabou saindo pela culatra, pois, dentre os artífices da Independência, muitos deles, inclusive José Bonifácio, tinham estudado lá – e isso não os impediu de desenvolverem ideais separatistas. No Brasil, esses universitários eram chamados de "elite coimbrã". Mas, mesmo tendo aprendido tanto lá, não foram capazes de criar uma universidade no Brasil.

VALE DO PARAÍBA

Caminho que levou D. Pedro até a Independência. Não apenas porque ele passou por essa região para alcançar as margens do Ipiranga, mas principalmente porque foi no Vale do Paraíba que ele encontrou apoio econômico e político para chegar aonde pretendia. Era a região mais rica do Brasil Colônia, devido à produção de café, e D. Pedro passou por diversas vilas do vale, hospedando-se em fazendas, angariando simpatizantes e formando sua Guarda de Honra com jovens oficiais de cidades como Areias, Guaratinguetá, Taubaté e principalmente Pindamonhangaba.

VIAGEM

A maioria das pessoas curte viajar nas férias, nos feriados ou nos finais de semana. Embora adorasse viajar, D. Pedro não chegou a ser um grande viajante; por causa de suas responsabilidades, ele só podia fazê-lo por obrigação ou necessidade. Sua primeira grande viagem foi logo transatlântica, entre os nove e dez anos de idade, quando a Família Real precisou trocar Portugal pelo Brasil. A primeira incursão do príncipe ao interior do Brasil foi a viagem para Minas Gerais em março de 1822. D. Pedro teve que sair às pressas do Rio de Janeiro, alarmado com as notícias de uma rebelião: havia o temor de que os mineiros estivessem armando um movimento separatista. Ele partiu acompanhado de apenas dez pessoas, entre elas o padre Belchior. Foi uma aventura de risco, um sequestro ou atentado ao herdeiro da Coroa poderia comprometer todo o processo de independência. Foi também uma jornada desconfortável. A escritora inglesa Maria Graham revela que "D. Pedro viajava por estradas precárias, molhado até os ossos pelas chuvas tropicais, dormindo em lugares improvisados, usando como cama uma porta arrancada da parede para protegê-lo do chão frio". Mas o príncipe ficou fascinado com o visual do caminho. Tanto é que, ao passar pela Fazenda do Padre Correia, no alto da serra carioca, se apaixonou tanto pelo lugar que mais tarde comprou a propriedade. Ali seria criada a cidade de Petrópolis. Ao chegar em Vila Rica (hoje Ouro Preto), D. Pedro acabou recebido de joelhos pelos revoltosos. Contornada a rebelião, ele voltou ao Rio de Janeiro fazendo 530 quilômetros em apenas quatro dias e meio. O príncipe chegou ao cair da tarde de 25 de abril e à noite foi ao teatro anunciar que a situação em Minas Gerais estava controlada. Foi recebido em delírio pela plateia que lotava o local. Essa viagem e essa consagração lhe deram a plena convicção de que teria apoio popular caso proclamasse a Independência do Brasil. É por essas e por outras que é tão bom viajar.

VOTO

Unidade fundamental da democracia, nasceu em berço religioso e nele se mantém até hoje. O termo latino *votum* deriva do verbo *vovere* (prometer) e nunca deixou de significar uma espécie de comércio espiritual entre o humano e o divino; fazer um voto era implorar aos deuses, suplicar, desejar ardentemente. Voto, portanto, é um pedido. A palavra voto existe em português desde o século 14, mas não se sabe quando adquiriu o significado que milhões de eleitores exercitam nas eleições – ou até numa reunião de condomínio. Antes da Independência, praticamente não se votava no Brasil. A primeira legislação eleitoral brasileira foi elaborada por ordem de D. Pedro e seria utilizada na eleição da Assembleia Geral Constituinte de 1824. Ela aplicava o chamado voto censitário, que consiste no direito de voto concedido apenas para alguns grupos de cidadãos, em geral, é claro, os ricos. Como se isso não bastasse, eram comuns as fraudes eleitorais. Havia, por exemplo, o voto por procuração, no qual o eleitor transferia seu direito de voto para outra pessoa. Também não existia título de eleitor, e as pessoas eram identificadas pelos integrantes da mesa apuradora e por testemunhas. Assim, as votações contabilizavam pessoas mortas, crianças e moradores de outros municípios. Somente em 1842 foi proibido o voto por procuração. Na política, ainda hoje existem vários tipos de votos: voto direto, voto indireto, voto a cabresto (quando o eleitor, muitas vezes ignorante, é forçado a votar em alguém), voto em branco (quando o eleitor, indignado, prefere não votar em ninguém) e voto nulo (quando o eleitor, revoltado, anula o voto). Desses, o único que funciona é o voto direto. Já houve quem tenha dito que o brasileiro não sabe votar. Olhando em volta, e ao longo da história, não dá pra duvidar dessa triste afirmação.

XENOFOBIA

Palavra feia para definir um sentimento pior ainda, do grego *xénos*, "estrangeiro", somado a *phobos*, "medo, aversão". Ou seja, xenofobia é medo, aversão ou profunda antipatia em relação aos estrangeiros, como também desconfiança em relação a pessoas estranhas. Embora falassem a mesma língua, brasileiros e portugueses viveram momentos de grande ódio antes, durante e depois do processo de independência. As ofensas normalmente eram verbais; dentre outras expressões bem mais chulas, os lusos nascidos no reino (os reinóis) chamavam os brasileiros que eram filhos de portugueses de "mazombos" (que quer dizer mal-encarados e carrancudos), enquanto os nativos se referiam aos europeus como "pés de chumbo". Naquela que ficou conhecida como "A noite das garrafadas", a xenofobia deixou de ser verbal e se tornou física. Em março de 1831, brasileiros insatisfeitos com D. Pedro I – e com o assassinato do jornalista Libero Badaró – hostilizaram os lusitanos primeiro gritando "morte aos pés de chumbo" e depois atacando os estrangeiros com garrafas, cacos e pedras. O episódio teve grande importância na crise política que levou à abdicação de D. Pedro em abril de 1831.

ZODÍACO

Palavra linda, incomum e misteriosa, do grego *zōdiakós*, originalmente significa "círculo de animais", pois se refere ao nome das constelações, muitas delas representadas por animais. Todo mundo, mesmo quem não acredita em astrologia, nasceu sob um signo do zodíaco.

Os historiadores não dão a menor bola para o signo astrológico dos grandes personagens da história. Porém, quem entende do assunto percebe que a personalidade deles muitas vezes está bem de acordo com seus signos. D. Pedro I, por exemplo, nascido em 12 de outubro, era um típico libriano; a Marquesa de Santos, que nasceu em 27 de dezembro, não podia ser mais capricorniana, ao passo que José Bonifácio, do dia 13 de junho, era um geminiano convicto, enquanto D. Leopoldina, de 21 de janeiro, tinha todas as características de quem nasceu sob o signo de aquário.

129

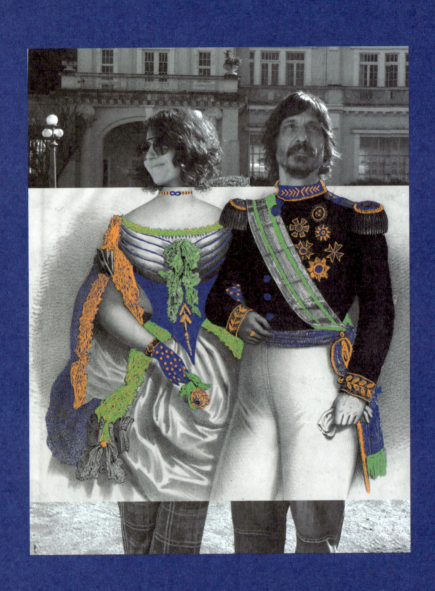

O AUTOR

Em espanhol, "bueno" significa "bom". Não resta dúvida que Eduardo Bueno é mesmo muito bom no que faz, principalmente nos livros que escreve. Entre as tantas obras de sua autoria, a mais celebrada é a coleção *Brasilis*, que tem quatro volumes: *A viagem do descobrimento*; *Náufragos, traficantes e degredados*; *Capitães do Brasil* e *A coroa, a cruz e a espada*, atualmente publicados pela Editora Sextante. Mas há outros livros de Eduardo que também fazem bastante sucesso por aí, como *Brasil: uma história*, da Editora Leya, e *Brasil: terra à vista*, da L&PM Editores. É bom dizer que, além de escritor, Eduardo Bueno também é tradutor, jornalista e roteirista. Em 2007, idealizou e apresentou a série *É muita história*, exibida pelo *Fantástico*, na TV Globo. De vez em quando também aparece no History Channel e em outros canais. Mas como é muito independente, Eduardo resolveu fazer o próprio canal no Youtube, o Buenas Ideias. É lá que, desde 2017, apresenta o programa *Não vai cair no Enem*, sobre história do Brasil. Aliás, se você ainda não assistiu ao episódio dessa semana, corre lá!

A ILUSTRADORA

Em alemão, "Taitelbaum" é o nome de uma árvore que Paula não sabe ao certo qual é, apesar de suspeitar que não passe de um arbusto sem muito glamour. Escritora, ilustrou seu primeiro livro infantil em 2013: *Palavra vai, palavra vem*, da L&PM Editores. Depois se empolgou e criou imagens para *Bichológico* e *Ora Bolas*, ambos de sua autoria e publicados pela Editora Piu. Foi com este *Dicionário da Independência* que Paula descobriu que também poderia fazer colagens digitais a partir de imagens antigas, várias delas assinadas por Debret. Ela recortou aqui, colou ali, coloriu acolá e, *voilà*, se divertiu muito criando as ilustrações que acompanham os verbetes de Eduardo. Aliás, por falar em acompanhar, se alguém ainda não sabe, Paula Taitelbaum é companheira de Eduardo Bueno. Não apenas no sentido profissional.

OS ✸ 200 ✸ VERBETES

A

1. **Abdicação** 8
2. **Absolutismo** 9
3. **Aclamação** 9
4. **Amigo** 10
5. **Amor** 10
6. **Antônio de Arrábida** 11
7. **Árvore genealógica** 12
8. **Assinatura** 13

B

9. **Bahia** 14
10. **Bailarina** 15
11. **Banco** 15
12. **Bandeira** 16
13. **Barba** 17
14. **Barro** 17
15. **Beija-mão** 18
16. **Biblioteca** 19
17. **Brasileiro** 19

C

18. **Café** 20
19. **Câmara Municipal** 21
20. **Caminho Geral** 21
21. **Caráter** 22
22. **Carlota Joaquina** 23
23. **Cartas** 24
24. **Casa de Bragança** 24
25. **Casa do Grito** 25
26. **Casamento** 26
27. **Cavalo** 27
28. **Censura prévia** 27
29. **Chalaça** 28
30. **Chapéu** 28
31. **Chinês** 29
32. **Cidadão** 29
33. **Cochrane, Thomas** 30
34. **Colônia** 31
35. **Conselho** 31
36. **Constituição** 32
37. **Constituinte** 32
38. **Coração** 33
39. **Cores** 33
40. **Coroa** 34
41. **Coroação** 34
42. **Correio Braziliense** 35
43. **Correio Real** 36
44. **Cortes** 36

D

45. **Debret** 37
46. **Declaração** 37
47. **Decreto** 38
48. **Demonão** 38
49. **Diarreia** 38
50. **Dinheiro** 39
51. **Dívida** 39
52. **Dom** 40
53. **Dom João** 40
54. **Dom Pedro I** 41
55. **Dom Pedro II** 41
56. **Dom Quixote** 42
57. **Domitila** 42

E

58. **Economia** 43
59. **Efeméride** 44
60. **Elite** 45
61. **Empréstimo** 45
62. **Epilepsia** 46
63. **Escravidão** 46
64. **Espada** 46
65. **Estrada** 47
66. **Exército** 47

F

67. **Família** 48
68. **Feiura** 48
69. **Felisberto Caldeira Brandt** 49
70. **Feriado** 49
71. **Fico** 49
72. **Filhos** 50
73. **Filme** 51
74. **Florença** 51
75. **Fofoca** 52
76. **Fúlgido** 52

G

77. **Grande Oriente Brasílico** 53
78. **Grito** 54
79. **Guaratinguetá** 55
80. **Guarda de Honra** 55
81. **Guarda Nacional** 56
82. **Guatimozin** 56
83. **Guilhotina** 57

H

84. **Hábito** 58
85. **Herói** 59
86. **Hino** 60
87. **Hora** 61

I

88. **Imperador** 62
89. **Império** 63
90. **Imprensa Régia** 63
91. **Independência** 64
92. **Índio** 65
93. **Inferioridade, complexo de** 66
94. **Instrumentos musicais** 66
95. **Ipiranga** 67
96. **Irmãos** 67
97. **Itaparica, Batalha de** 68
98. **Itinerário** 68

J

99. **Jenipapo** 69
100. **Joana Angélica** 69
101. **Joanino** 70
102. **João de Castro Canto e Melo** 70
103. **Joaquim Gonçalves Ledo** 70
104. **Jornal** 71
105. **Jornalista** 71
106. **José Bonifácio** 72

K

107. **Künsburg, condessa de** 73

L

108. **Laços** 74
109. **Lei** 74
110. **Leopoldina** 75
111. **Liberdade** 76
112. **Língua geral** 76
113. **Livros** 76
114. **Loucura** 77
115. **Lundu** 77
116. **Lusitanos** 77

M

117. **Maçonaria** 78
118. **Mãe** 78
119. **Malagueta** 79
120. **Maldição** 79
121. **Manifesto** 80
122. **Margens plácidas** 80
123. **Maria I, a louca** 81
124. **Maria II** 82
125. **Maria Felipa** 83
126. **Maria Graham** 83
127. **Maria Quitéria** 84
128. **Marinha** 84
129. **Marquesa de Santos** 85
130. **Marquês de Marialva** 86
131. **Mercenário** 87
132. **Miguel** 87
133. **Milícias** 88
134. **Mineiros** 88
135. **Monarquia** 89
136. **Monumento** 89
137. **Morte** 90
138. **Mula** 90
139. **Mulheres** 91
140. **Museu do Ipiranga** 91
141. **Museu Imperial** 91
142. **Museu Nacional** 92
143. **Música** 92

N

144. **Nação** 93
145. **Nativo** 93
146. **Navio** 94
147. **Nome** 94

O

148. **Ordem de Pedro I** 95

P

149. **Padre Belchior** 96
150. **Palácio** 96
151. **Pasquim** 97
152. **Patriarca** 97
153. **Pau-brasil** 98
154. **Peça da coroação** 99
155. **Pedra fundamental** 100
156. **Pedro Américo** 100
157. **Pindamonhangaba** 101
158. **Plácido** 101
159. **Portugal** 101
160. **Povo** 102
161. **Primogênito** 102
162. **Príncipe** 103
163. **Proclamação** 103
164. **Professor** 104
165. **Pseudônimo** 105

Q

166. **Quadro** 106, 107
167. **Quebrar o corpo** 107
168. **Queluz** 108
169. **Quinta da Boa Vista** 109

R

170. **Regente** 110
171. **Rei** 111
172. **Revérbero** 111
173. **Revolução Americana** 112
174. **Revolução do Porto** 113
175. **Riacho** 113

S

176. **Santa Cruz** 114
177. **Santos** 115
178. **Setembro** 115
179. **Séquito** 115
180. **Sovina** 116
181. **Status quo** 116

T

182. **Taberna** 117
183. **Taubaté** 118
184. **Titila** 118
185. **Traficantes** 119
186. **Tratado** 119
187. **Travessa** 119
188. **Tropas** 120
189. **Tropeiros** 120
190. **Tuberculose** 121
191. **Tutor** 121

U

192. **Ucharia** 122
193. **Unidade Nacional** 123
194. **Uniforme** 123
195. **Universidade** 124

V

196. **Vale do Paraíba** 125
197. **Viagem** 126
198. **Voto** 127

X

199. **Xenofobia** 128

Z

200. **Zodíaco** 129

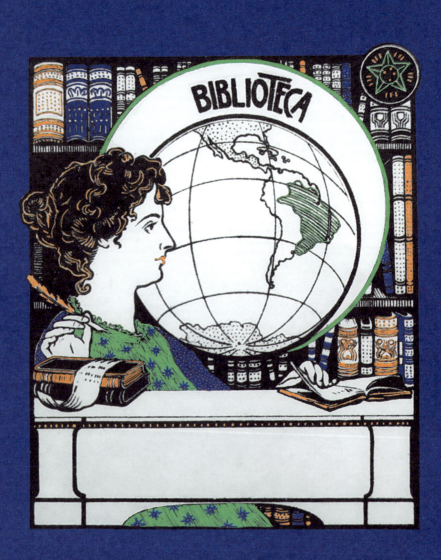

BIBLIOGRAFIA

Do grego *biblion*, "folha de papiro" (mais tarde, por associação, "livro"), e *graphô*, "grafar", "escrever", "descrever". Biblos era o nome da cidade na Fenícia (hoje Líbano) de onde os gregos importavam as folhas de papiro. Desde cedo, contudo, "bibliografia" adquiriu o sentido empregado aqui – lista das fontes e publicações utilizadas para embasar uma pesquisa, um texto, um livro.

Há uma série de regras para listar fontes. No caso dos livros, devem aparecer em ordem alfabética a partir do sobrenome do autor, seguido do título do livro, da editora e da data de lançamento. Agora que cada vez mais autores fazem pesquisas na internet, a norma sugere que indiquem o endereço do site e também a data em que foi acessado.

Aqui você tem uma bibliografia um tanto diferente. É o que se chama de bibliografia comentada. Nela eu indico e comento os livros que acho que você vai curtir. Literalmente milhares de obras foram escritas sobre o processo da Independência, seus principais personagens e os desdobramentos da separação de Brasil e Portugal. Para escrever este dicionário, consultei mais de cinquenta. Só que várias delas são um pouco densas demais, e outras, de leitura um tanto maçante. Então selecionei os livros mais leves, mais divertidos, mais dinâmicos – que, nem por isso, deixam de ser reveladores. Assim, em vez de uma bibliografia tradicional, o que temos aqui é uma espécie de apêndice que a gente pode chamar de:

PARA SABER MAIS

O livro de que eu mais gosto está esgotado, mas pode ser encontrado em sebos e sites que vendem livros usados. É *Itinerário da Independência*, de Eduardo Canabrava Barreiros (José Olympio, 1972). Canabrava retrata com mapas bem detalhados o percurso que D. Pedro e sua comitiva percorreram a cavalo do Rio de Janeiro até São Paulo, dali para Santos e de volta até o Rio. Sempre que leio, me sinto parte daquele grupo, vencendo matas e serras, atravessando rios, alimentando os cavalos. Foi uma viagem que mudou a história do Brasil e percorreu trilhas que depois viraram a famosa (e perigosa e poluída) Via Dutra.

Há muitas biografias de D. Pedro I. Minha favorita é *Dom Pedro I – A luta pela liberdade no Brasil e em Portugal* (Record, 1986), de Neill Macaulay. Nascido nos Estados Unidos, Macaulay era apaixonado pela história do Brasil – e mais apaixonado ainda pelo príncipe, depois imperador, D. Pedro. O livro é vibrante, fervoroso, cheio de detalhes, e a gente lê como se fosse um bom romance. Tudo isso sem que Neill perca o foco na análise. Não é um livro para crianças, mas a partir dos 13 ou 14 anos, se você quiser encarar o desafio, acho que vai gostar. Há muitas outras biografias de D. Pedro, e a mais completa é a de Otávio Tarquínio de Sousa, *A Vida de D. Pedro I* (José Olympio, 1972), publicada em três volumes. Uma leitura bem mais fácil é *D. Pedro I* (Companhia das Letras, 2006), de Isabel Lustosa.

O escandaloso caso de amor entre D. Pedro e a Marquesa de Santos já rendeu muito pano para manga – mas é assunto impróprio para menores. As cartas fogosas que os dois amantes trocaram foram publicadas pela primeira vez em 1906 por Alberto Rangel. Meu livro favorito sobre esse romance proibido (e o envolvimento involuntário da imperatriz Leopoldina nele) é o da minha amiga Mary del Priori, *A carne e o sangue: a imperatriz D. Leopoldina, D. Pedro I e Domitila, a Marquesa de Santos* (Rocco, 2008).

Por falar em D. Leopoldina, as lindas e tristes cartas que ela enviou para sua família na Áustria foram reunidas por Bettina Kann e Patrícia Souza em *Cartas de uma imperatriz* (Estação Liberdade, 2005). A melhor biografia da mulher que assinou a Declaração da Independência é *A imperatriz Leopoldina: sua vida e sua época*, de Carlos Oberacker Jr. (Conselho Federal de Cultura, 1973).

O grande amigo da imperatriz foi José Bonifácio. E aqui recomendo dois livros: um deles, *José Bonifácio*, de Miriam Dolhnikoff (Companhia das Letras, 2005), enche a bola do "Patriarca da Independência", enquanto que em *As Vidas de José Bonifácio* (Sextante, 2019), Mary del Priore critica e desmistifica o papel do velho Bonifácio. A história também se faz assim, de discordâncias e contradições. Como se diz, toda unanimidade é burra.

Discordâncias podem virar briga – às vezes bem na hora em que a história está acontecendo. Isso fica claro em dois livros que também revelam como o papel da imprensa é importante na construção de uma nação. Sim, a guerra pela independência foi também uma guerra de palavras, como está registrado em *Às armas, cidadãos: panfletos manuscritos da Independência do Brasil*, de José Murilo de Carvalho (UFMG, 2018), e *Insultos impressos: guerra dos jornalistas na Independência*, de Isabel Lustosa (Companhia das Letras, 2008).

Uma coisa é brigar com palavras, outra é lutar com armas. Ao contrário do que às vezes se fala, houve muita luta e correu muito sangue no Brasil, em especial na Bahia, antes que a separação se concretizasse. A história dos conflitos na Bahia foi bem contada por Luís Henrique Tavares em *Independência do Brasil na Bahia*. Quem gosta de livro de guerra vai se interessar, é claro, por *As guerras da Independência*, de Arlenice Almeida da Silva (Ática, 1995), cheio de ilustrações e produzido para jovens leitores.

A Independência do Brasil, de Márcia Berbel (Saraiva, 2011), e *A Independência do Brasil*, de Iara Lis C. Souza (Zahar, 2000), também foram escritos para leitores jovens. E, apesar do título, *O processo da Independência do Brasil*, de Marcos Bagno (Ática, 2000), é bem aventureiro, uma adaptação do diário de Maria Graham, a inglesa que esteve no Brasil entre 1821 e 1825. Já em *Eu era criança na época da Independência do Brasil* (FTD, 1998), Eleno Ogliari e Ceres Brum fazem justamente o que diz o título, tentam recriar o ambiente e a vida das crianças em 1822. É uma viagem no tempo.

Aqueles que acham que o Dia da Independência não passa de um feriado devem ler *Sete de Setembro de 1822: a Independência do Brasil* (IBEP, 2005), no qual Cecilia de Salles Oliveira, que já foi diretora do Museu Paulista/Museu do Ipiranga, relembra como essa efeméride foi criada. Cecilia também tem ótimos estudos sobre a história, o papel e o significado do Museu Paulista na preservação da memória do Grito do Ipiranga.

Por falar nisso, não há nada melhor do que ver os locais em que a história ocorreu. Então, se tiver chance, visite a Quinta da Boa Vista, no Rio de Janeiro, onde fica o Museu Nacional, e veja que desgraça foi o incêndio que o consumiu. Se possível, não deixe de ir também ao Museu do Ipiranga, em São Paulo, até porque é lá que está o monumental quadro de Pedro Américo. Você vai se sentir pequeno perto dele. Caso vá lá, dê uma olhada no pobre riacho Ipiranga, quase um esgoto a céu aberto – e junte-se à campanha para despoluir o curso d'água às margens do qual o Brasil independente começou a nascer.

Nenhum país pode ser limpo de verdade enquanto seus rios continuarem imundos. A faxina – não apenas das águas – é responsabilidade de todos nós. E a melhor maneira de estar preparado para ela é conhecendo a história.

©Editora Piu, 2020
©Textos: Eduardo Bueno, 2020
©Ilustrações: Paula Taitelbaum, 2020

PROJETO GRÁFICO Tereza Bettinardi
DIAGRAMAÇÃO Maria Julia Moreira e Tereza Bettinardi
REVISÃO DE TEXTO Lúcia Brito e Jó Saldanha
144 páginas, 27,5 cm × 20,5 cm

*Este livro segue o Novo Acordo Ortográfico
da Língua Portuguesa.*

Todos os direitos desta edição reservados à Editora Piu.
CONTATO editorapiu@editorapiu.com.br
www.editorapiu.com.br

Impresso no Brasil
2ª edição – Primavera de 2020

Dados Internacionais e Catalogação na Publicação (CIP)
(Câmara Brasileira do Livro, SP, Brasil)

Bueno, Eduardo
  Dicionário da Independência: 200 anos em 200 verbetes /
Eduardo Bueno; ilustrações Paula Taitelbaum. —
Porto Alegre: Editora Piu, 2020.

ISBN 978-65-991471-8-0

1. Brasil – História – Dicionários I. Taitelbaum, Paula. II. Título

20-41885   CDD – 981.003

Índices para catálogo sistemático:
1. Brasil: História: Dicionários 981.003

Bibliotecária responsável: Cibele Maria Dias CRB-8/9427

Obra premiada no EDITAL DE SELEÇÃO PÚBLICA Nº 01,
DLLLB/SEC/MINC DE 04 DE JULHO DE 2018,
Prêmio de Incentivo à Publicação Literária,
200 Anos de Independência, realizado pelo DLLLB.

Este livro foi composto em
Caponi Text e Caponi Slab, impresso pela
gráfica Coan em papel offset 120 g/m².